Décollage

Students' Book

Sue McEwen
Gill Pickard
Martin Smith

Stanley Thornes (Publishers) Ltd

First published in 1989 by
Stanley Thornes (Publishers) Ltd
Old Station Drive
Leckhampton
CHELTENHAM GL53 0DN

Reprinted 1990

British Library Cataloguing in Publication Data

McEwen, Sue
    Décollage.
    Pupil's Book.
    1.   French Language. Usage
    I.   Title   II. Pickard, Gill   III. Smith, Martin
    448

    ISBN 0–7487–0058–7

Typeset by Tech-Set, Gateshead, Tyne & Wear.
Printed and bound in Great Britain at The Bath Press, Avon.

CONTENTS

Key: L Listening   R Reading   P Project/research   S Speaking   W Writing   G Grammar

Key: L Listening   R Reading   P Project/research   S Speaking   W Writing   G Grammar

THE AIMS OF *DECOLLAGE*

Décollage was developed by a group of language teachers, working together in a large Sixth Form College, in response to very immediate needs.

We wanted materials which would allow us to deal with the transitional period from GCSE to A-level in a fluent and stimulating way, allowing gradual acquisition of skills and also revision of points which may not have been thoroughly assimilated earlier. We wanted variety in the choice of texts and exercises, and to cater for a wide range of ability. We did not want to lose the communicative momentum of GCSE, but to develop the sophistication and accuracy demanded by A-level. Most importantly, our aim was to enable our students to understand and to express ideas and opinions in the foreign language with confidence, and to go on doing this after leaving the college.

It is envisaged that the material here might occupy something like the first two terms of an A-level course*. There is a progression in complexity in terms of content, exercises and grammar, both within each unit and from one unit to the next, often building on vocabulary and constructions exploited earlier. Written exercises at the end of each unit are designed to draw together material learnt in the unit as a whole. Unit 1, 'On démarre', emphasises revision and capitalises on a familiar GCSE topic area, before more discursive aspects of language are exploited in Unit 2, 'Faits Divers'. Units 3 to 6 find the emphasis moving away from revision and on to new structures. Some of the material appears in the Teacher's Book in photocopiable form, and is indicated in this book by the symbol

Our desire to foster student independence and to equip students both for resource-based learning and for using French in the real world has had practical implications for the format of this book. We have tried to select written and listening materials of types which students might plausibly encounter when visiting or living in France, and to devise exercises which progressively increase familiarity with spoken and journalistic registers. We have deliberately avoided the inclusion of a reference vocabulary in the Students' Book, since we feel that this detracts from good dictionary use and the methodical storing of vocabulary which are basic skills of the linguist. We have preferred instead to supply vocabulary and dictionary exercises. (This is expanded on in the Teacher's Book.)

Listening material is designed for the student's individual study, whether in a language lab or at home, to be worked through at a comfortable pace. The oral pair work in this book is in general designed to be carried out simultaneously by the whole class; seeing the classroom as an occasionally bustling place, where the teacher is not always the centre of attention, we have included suggestions for group work. Lastly, our basic mode of working has been to integrate work in the four skills, so that listening leads to writing, or reading to speaking, and so on. Even if the skills are tested separately in public examinations, we feel that integration of the skills in teaching provides better reinforcement, greater authenticity, and increased fluency — as well as being more fun.

The language staff and students, past and present, of Solihull Sixth Form College have played an important role in bringing *Décollage* into being, over a period of some years; our thanks are due to them, for sharing interests and helping us to find out what works. We would also like to thank students at Droitwich High School who helped to pilot the materials, and Stanley Thornes for giving us the impetus to draw together materials and crystallise our thoughts on approaching the A-level course.

*Several teachers have suggested it might also be used, with good GCSE candidates, towards the end of the GCSE year.

ACKNOWLEDGEMENTS

The authors and publishers would like to thank the following for permission to reproduce previously published material.

Biba for *Claudie Deshays: une femme pour l'espace* on page 43, *A l'école des ondes* on page 88, *Partie de campagne* on pages 96–8.

Centre de Renseignements Autoroutes for the motorway map (Bison futé) on page 1.

50 millions de consommateurs for *Quelques conseils élémentaires avant de prendre la route* on page 9.

Dargaud for the cartoon of Napoleon on page 48, from *1515 connais pas ou l'histoire de la France en 100 gags*.

Editions La Route Robert for extracts from the *Code Robert, Edition 1988* on pages 12 and 17.

France-Soir for *Voleur de 25 ans mis hors d'état de nuire par une vieille dame* on page 30 and *London: Welcome!* on page 66.

Larousse for an extract from *Francoscopie* by G. Mermet on page 102.

L'Evénement du jeudi for *Un samedi de grand départ sur l'autoroute du Sud* on page 4, and *C'est moi qu'elle aime!* (Antoine Bourseiller) on page 54.

Le Figaro for *Départs, retours, le week-end rouge* on page 16, and *Trouver un job d'appoint* on page 83.

Le Parisien for *Paris paralysé par le feu pendant trois heures* on page 23, *Linda — (3 ans) — lui doit la vie* on page 28, *Attention aux pièges* on page 85, *Les Français et leurs voisins* on page 107.

Le Point for *La Fiction et la réalité* on page 33, *Etudiants: comment se fabrique un crack* on pages 40–1, *Bio Politique* on page 45, *Ici Londres, les Anglais parlent aux Français* on page 68, *L'Etudiant étranger* on page 76, *Test: à chacun son métier* on pages 78–9, *Sondage infométrie* on page 80, and *Où vit-on le mieux* on pages 110–11.

Marie-France for *Danse à Lausanne: premières chances et jeunes espoirs* on page 91.

Nouvelle République du Centre-Ouest for *Joué-lès-Tours: Une vingtaine d'adolescents de Hechingen à Joué* on page 61.

Secours Routiers Français for *Accident de la route: Que faire?* on pages 6–7.

Sud-Ouest for *Routes: le week-end du chassé-croisé* on page 1, *Il aimait les 2CV* on page 19, *C'est la vie: Vous habitez dans mon immeuble?* (Brigitte Charles) on page 106.

20 ans for *Au pays des merveilles européennes* (Elisabeth Barillé) on page 74.

We would also like to thank the following for permission to reproduce photographs:
Keith Gibson, p. 13, 22, 34, 76, 85, 105; Hoverspeed, p. 31; Gloucestershire Echo, p. 23; Eurocamp, p. 96, 98; Agence France Presse, p. 16; Popperfoto, p. 56, 67

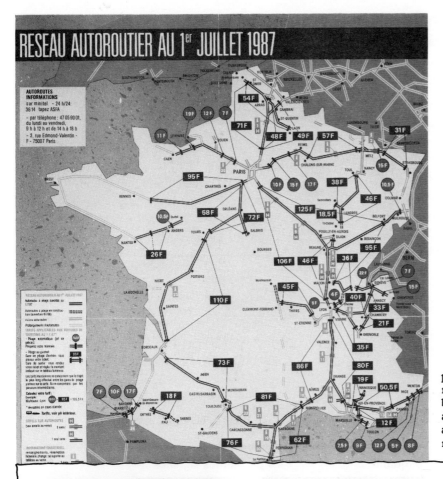

RESEAU AUTOROUTIER AU 1er JUILLET 1987

| 1ère Unité |
| On Démarre |

prévu – *expected*
notamment – *particularly*
bien que – *although*
à la suite de – *following*
au cours de – *during*
mener – *to lead*

SUD OUEST

Routes: le week-end du chassé-croisé

Le trafic était, hier, dense mais fluide. Tout se passe mieux que prévu, malgré les premiers bouchons notamment au nord de Bordeaux

Finalement la journée d'hier, bien que très chargée sur le plan de la circulation routière, semble avoir été moins «rouge» que prévue.

Mais attention en ce samedi, journée «noire», de grosses difficultés sont à craindre en début de matinée dans la partie nord, donc de Paris à Lyon, puis tout au long de la journée sur l'axe Beaune-Orange-Montpellier.

Sur d'autres axes qui mènent au Sud-Ouest et à l'Ouest la circulation devrait être très dense dès ce matin.

Hier, les retours ont été plus importants sur certains axes, notamment l'axe Orange-Lyon-Dijon-Thionville avec des perturbations depuis la matinée et qui persistaient en fin d'après-midi.

Les points noirs ont été essentiellement au sud de Lyon sur l'A 7 où il y a eu tout au long de la journée des bouchons de 5 à 15 kilomètres. Autour de Dijon des ralentissements de 15 à 30 kilomètres ont été signalés.

Sur l'A 10 au nord de Bordeaux les premiers bouchons sont apparus à la suite de deux accidents matériels: une collision à l'échangeur de Lormont et un accrochage à hauteur d'Ambarès.

Au cours de l'après-midi on a constaté jusqu'à 9 kilomètres de bouchon à la hauteur de l'échangeur de Labarde à la suite d'une collision matérielle.

Circulation également difficile vers Libourne en fin d'après-midi.

Côté maritime, il y avait quatre heures d'attente au passage du bac de l'île de Ré.

Dans l'Ouest les retours ont été difficiles entre La Flèche et Le Mans et à Alençon: quelques bouchons plus ou moins importants ont été signalés dans la traversée de ces agglomérations.

Sud-Ouest 1.8.87

Vocabulaire

En lisant le texte notez le vocabulaire ci-dessous et cherchez dans un dictionnaire le sens des mots que vous ne connaissiez pas déjà.

noms	adjectifs
la circulation/le trafic	chargé
un échangeur	important
un accrochage	matériel
un bouchon	
un point noir	(savez-vous comment mettre ces adjectifs au féminin?)
un ralentissement	
un bac	
une collision	
une agglomération	
une perturbation	

GRAMMAIRE

de grosses difficultés sont à craindre

En français quand il y a un adjectif au pluriel devant un nom au pluriel le **des** précédent devient **de**.

Au cours de vos lectures notez d'autres exemples, en commençant par celui-ci: on ne dit pas **des** autres exemples, mais **d'**autres exemples.

1w

Compréhension du texte

Complétez ces listes de problèmes sur les routes. Avez-vous trouvé tous les endroits sur la carte?

où	quand	les problèmes signalés
1 partie nord	*Début de matinée*	*de grosses difficultés*
2 axe Beaune/Orange/Montpellier		
3 axes vers Sud-Ouest/Ouest		
4 Orange/Lyon/Dijon		
5 A7 sud de Lyon		
6 autour de Dijon		
7 A10 nord de Bordeaux		
8 Labarde		
9 Libourne		
10 Ile de Ré		
11 Le Mans/Alençon		

Maintenant complétez ces phrases en employant le vocabulaire du texte mais en inventant vous-même les problèmes.

exemple:

Dans la région parisienne on a signalé de grands bouchons.

1 A la hauteur de Lyon on a vu ____ _____ _____ .

2 Sur l'A8 il y a eu ____ _____ _____ .

3 Sur l'axe Paris-Tours ____ _____ _____ sont à craindre.

4 Pendant la matinée la police a constaté ____ _____ _____ .

5 Ce soir on prévoit ____ _____ _____

LE WEEK-END DE LA PENTECOTE SUR LES ROUTES

(Il est conseillé d'écouter au moins trois fois les informations pour compléter les trois parties de ce travail.)

1 Il est vendredi après-midi vers 17 heures, et vous vous êtes décidé à quitter Paris pour passer le week-end chez des amis à 150 km à l'ouest de la capitale. Vous réfléchissez sur trois possibilités:

  a sauter dans la voiture et partir tout de suite

  b patienter un peu et puis vous mettre en route en fin de soirée

  c laisser tomber jusqu'à demain matin, et puis partir de bonne heure.

Pour mieux juger la situation, vous écoutez les informations à la radio.
Qu'est-ce que vous décidez de faire — et pourquoi?

2 Pour mieux juger si vous avez pris la bonne décision ou non, écoutez encore une fois le bulletin afin de corriger, si nécessaire, les phrases suivantes:

  a Ce samedi il n'y aura pas d'école.

  b C'est le Premier ministre qui a accordé ce cadeau-surprise.

  c Par conséquent, les gens vont avoir tendance à attendre samedi pour se mettre en route.

  d On avait craint le pire — mais finalement en ce moment il n'y a pas trop de bouchons.

  e C'est vers 3 heures cet après-midi qu'il y a eu des retards.

  f On croit qu'à partir de 9 heures ce soir, les routes vont être beaucoup plus encombrées.

3 Et alors, vous êtes toujours du même avis? Enfin, peu importe l'heure de votre départ, l'important c'est de ne pas oublier les trois consignes de sécurité — elles sont quoi encore?

A _____ , C _____ , V _____

Vocabulaire

Un peu de vocabulaire: masculin ou féminin?

république	départ
pouvoirs publics	encombrement
congé	accalmie
augmentation	conseil
trafic	bouchon
circulation	consigne de sécurité

Un samedi de grand départ...

En général, les Français et les Françaises partent en vacances soit au mois de juillet, soit au mois d'août — on parle donc de *juillettistes* et d' *aoûtiens*.

Tout le monde se déplace en voiture au même moment — ce qui provoque de grands problèmes de circulation et beaucoup d'accidents.

La revue *L'Evénement du jeudi* a envoyé un de ses journalistes pour faire le reportage d'un samedi de grand départ sur l'autoroute du sud, qui mène à la côte méditerranéenne. Il a été accompagné d'un gendarme qui lui a parlé de ses expériences. Voici l'article qu'il a écrit ensuite.

Un samedi de grand départ sur l'autoroute du Sud

Moins d'accidents, moins de blessés, mais plus de morts — une centaine — sur les routes le week-end dernier pour le premier grand rush des vacances. Parmi les sept millions d'automobilistes sur les routes, notre envoyé spécial Arnaud de Sercey. Sur l'autoroute du Sud, il n'a pas été le témoin d'accidents dramatiques mais il a noté les incidents qui font la vie étrange d'une grande migration: vacanciers à bout de nerfs et de kilomètres.

Samedi, 13 heures, Nemours. Un gendarme sur les dents*. «*Un jour comme aujourd'hui, nous ne craignons pas les accidents spectaculaires, qui se produisent plutôt au milieu de la nuit, à plus grande vitesse. Mais on ne compte plus les pannes, les pneus éclatés, les coups de frein brusques qui peuvent déclencher des accrochages en série. Tout ce qui distrait l'attention du conducteur est dangereux, surtout les véhicules qui s'arrêtent sur la bande d'arrêt d'urgence. Ils semblent attirer irrésistiblement les autres: l'autre jour, une voiture a même percuté une de nos camionnettes de secours, tous girophares en marche.*»

13 h 45. Sortie Joigny. Incroyable: une voiture immatriculée en Hollande est tout simplement garée à cheval sur le talus qui borde l'autoroute (ce qui est for-

mellement interdit). Ses occupants essaient de pique-niquer. Ils se cramponnent à leurs assiettes en carton qui s'envolent au passage des autocars.

14 h 30. Semur-en-Auxois. Une station-service. Avec la chaleur, le personnel demeure à l'intérieur, qui est climatisé. Les clients sont en self-service à la pompe. «*Ils seront encore plus énervés au retour, commente un employé. Et sans le sou: nous avons une cargaison de montres laissées en gage pour payer l'essence.*» Monique, la femme de ménage, ne sait que faire, pour sa part, des nombreux chiens et chats abandonnés, attachés à un arbre ou un poteau. Un jour elle a même découvert un

enfant oublié dans les toilettes. «*Sa mère s'en est rendu compte une demi-heure après, en cherchant son fils pour montrer un avion dans le ciel.*»

15 heures. Je reviens vers Paris. Mon gendarme m'a parlé de la collection des caravanes, remorques, malles, matelas, vélos, objets en tout genre oubliés sur les aires de repos. «*Une fois, on a même recueilli un voilier de 12 mètres sur sa remorque. Son propriétaire l'avait détaché pour une raison quelconque, puis était reparti sans s'apercevoir qu'il n'était plus derrière lui.*» Plus grave: les enfants qu'on laisse exténués en état de déshydratation. Sans compter le bébé qui voyageait, dans son landau, *sur* le toit de la voiture!

16 h 40. Fontainebleau. Un poste Bison futé. «*Par jour, nous recevons en moyenne 150 automobilistes complètement perdus, raconte l'hôtesse. Cela va du diplomate étranger qui cherche Metz du côté de Montpellier au conducteur belge qui a fait le tour du périphérique parisien, en provenance de Nice, pour reprendre la même autoroute, dans le sens contraire!*»

17 h 30. Je suis finalement très heureux de rentrer à Paris.

L'Evénement du jeudi,
daté du 9–15.7.87

*sur les dents = épuisé; très occupé.

Synthèse de vocabulaire/ travail au dictionnaire

Repérez dans le texte les mots et les phrases dont l'auteur s'est servi pour parler des choses suivantes:

* Les accidents minimes et les autres incidents

* Les objets oubliés en route

A l'aide du dictionnaire, trouvez l'expression anglaise qui correspond. N'oubliez pas de noter le genre (masculin/féminin) de chaque nom.

Travail à deux

IMAGINEZ...

C'est la rentrée des classes, au mois de septembre.

Vous parlez avec votre copain ou copine des vacances que vous avez passées — vous à Nice, lui à Biarritz.

La conversation tourne tout de suite au voyage de retour. Vous avez vu toutes sortes de choses sur l'autoroute, au cours de ce trajet.

Imaginez cette conversation, en vous inspirant du texte que vous venez de lire.

Exercice: Pronoms

Répondez aux questions, en remplaçant les phrases indiquées par des pronoms.

par exemple:

> Il a vu *l'incident*?
> **Oui, il l'a vu.**

A

1 Il veut reprendre *la même autoroute*?
Oui, il . . .

2 C'est vrai qu'il a noté *les incidents*?
Oui, il . . .

3 Alors, on ne compte plus *les pannes*?
Non, on . . .

4 Vous avez demandé *au gendarme* de vous accompagner?
Oui, je . . .

5 On a conseillé *aux automobilistes* d'être prudents?
Oui, on . . .

6 Elle a été le témoin *d'accidents dramatiques*?
Oui, elle . . .

7 Les chiens ont été attachés *à un poteau*?
Oui, ils . . .

8 Vous êtes donc très heureux de rentrer *à Paris*?
Oui, nous . . .

9 C'est vrai que le conducteur belge a fait le tour *du périphérique parisien*?
Oui, il . . .

10 Vous avez une cargaison *de montres laissées en gage*?
Oui, nous . . .

B

1 Ils se cramponnent *à leurs assiettes en carton*?
Oui, ils . . .

2 Monique ne sait que faire *des nombreux chiens et chats abandonnés*!
Non, elle . . .

3 Vous ne craignez pas *les accidents spectaculaires*?
Non, nous . . .

4 Elle a rendu l'enfant *à sa mère*?
Oui, elle . . .

5 Votre gendarme vous a parlé *de la collection d'objets oubliés*?
Oui, mon gendarme . . .

6 Elle a montré *à son fils* un avion dans le ciel?
Oui, elle . . .

Exercice écrit

On vous a demandé de rédiger un bulletin d'informations à l'intention des touristes français qui voyagent en Grande Bretagne pendant les vacances d'été. Vous avez à signaler les problèmes possibles dans votre région, ou dans tout le pays si vous préférez.

Vous pourriez peut-être consulter les informations télévisées ou téléphoner aux informations routières pour avoir les renseignements exacts. Vous aurez sans doute besoin d'écrire une centaine de mots pour donner les détails de tous les travaux et de tous les bouchons qui sont à craindre.

N'oubliez pas d'utiliser tout le vocabulaire et les expressions que vous avez appris en étudiant le texte *Routes: le week-end du chassé-croisé*, et en écoutant votre cassette.

Accident de la route: Que faire?

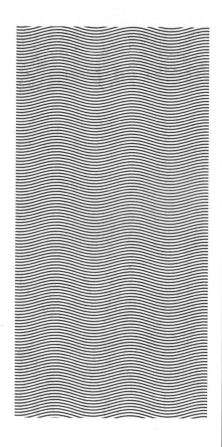

chaque minute compte !

PROTÉGER, ALERTER, SECOURIR

*EN CAS D'ACCIDENT DÉCIDEZ DU GESTE
A ACCOMPLIR EN PRIORITÉ*

MINI-ÉQUIPEMENT A POSSÉDER

Ce dépliant, une lampe électrique, un extincteur,
une couverture de survie, une trousse de secours.
Pour téléphoner :
des pièces de monnaie ou une carte magnétique.

Dans un accident...

**la vie d'un blessé dépend de
quelques gestes simples.**

keep your composure

- GARDEZ VOTRE SANG-FROID
- EMPÊCHEZ DES TÉMOINS D'EFFECTUER DES
  MANOEUVRES DANGEREUSES OU INUTILES
- REMUEZ LE BLESSÉ LE MOINS POSSIBLE MAIS,
  SI LA SITUATION L'EXIGE, VOUS DEVREZ
  TOUJOURS VEILLER AU RESPECT DE
  L'ALIGNEMENT « TÊTE-COU-TRONC », POUR
  ÉVITER L'AGGRAVATION D'UNE LÉSION
  POSSIBLE DE LA COLONNE VERTÉBRALE

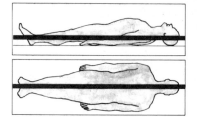

CAS LES PLUS FRÉQUENTS

remove

- LE DÉGAGEMENT DU BLESSÉ DE LA CHAUSSÉE
  (tirez-le par les pieds si vous êtes seul).
- LE DÉGAGEMENT D'UN BLESSÉ D'UN VÉHICULE,
  S'IL EST EN FEU OU EN DÉSÉQUILIBRE.
- LA MISE EN POSITION LATÉRALE DE SÉCURITÉ
  (blessé inconscient qui risque de s'étouffer
  par aspiration de sang ou de vomissements).

Travail écrit

1 Dressez une liste de tous les verbes à l'impératif
que vous pouvez trouver dans le texte.

exemples: disposez votre véhicule
coupez le contact

2 Avez-vous remarqué d'autres façons de donner
des ordres ou des instructions?

exemples: protéger
ne jamais évacuer un blessé
il vous faut . . .

Essayez d'en trouver d'autres vous-même.

Travail oral

A deux
Questionnez votre partenaire.

exemple: qu'est-ce qu'il faut faire si le blessé ne
respire pas?
comment faut-il prévenir la police?
quel message faut-il donner?

Combien de questions différentes pouvez-vous
inventer?

- En voyageant vous voyez soudain devant vous
  un accident. Que faites-vous?

- Si vous voyiez un accident que feriez-vous?

le blessé : est-il conscient ?

IL RÉPOND À VOS QUESTIONS. IL RESPIRE.

Allongez-le sur le dos et recouvrez-le.

IL NE RÉPOND PAS À VOS QUESTIONS. IL RESPIRE.

Mettez-le en Position Latérale de Sécurité.

En principe cette technique s'effectue à trois, mais si vous êtes seul, il faut agir vite !

Parce que la vie est belle, nous la voulons plus sûre.

ASSOCIATION UAP
POUR LA PREVENTION

ALERTER *To alert*

C'est prévenir ou faire prévenir.

QUI ?
La Gendarmerie (numéro d'appel local)
La Police n° 17
Le SAMU n° 15 (ou numéro départemental)
Les Pompiers n° 18

COMMENT ?
Par borne d'appel (gratuit)
Par cabine téléphonique publique.
Par téléphone privé.

MESSAGE
A DONNER
Le lieu de l'appel
Le lieu de l'accident (sens de circulation)
Le nombre éventuel de véhicules accidentés
Le nombre de blessés, en dehors ou à l'intérieur de leur véhicule et leur état apparent.

---

respire-t-il ? *Is he breathing?*

IL NE RÉPOND PAS À VOS QUESTIONS. IL NE RESPIRE PAS.

● Assurez-vous que rien ne gêne le passage de l'air. (en particulier un casque intégral)

DEUX GESTES IMPORTANTS A FAIRE

● Recherchez dans la bouche s'il n'y a pas un corps étranger (bonbon, appareil dentaire, caillot...)

● Basculez avec précaution la tête en arrière, en plaçant une main sous la nuque, l'autre sur le front (blessé assis sur son siège ou étendu au sol).

SI LA RESPIRATION NE REPREND PAS APRÈS CES GESTES, PRATIQUEZ LE BOUCHE-A-BOUCHE

SECOURIR *To help*

C'est observer le blessé :
● Son état de conscience
● Sa respiration
● Ses saignements

C'est agir, en attendant l'arrivée d'une personne plus compétente.

PROTÉGER *To protect*

C'est baliser les lieux de l'accident pour en éviter un second plus grave.

COMMENT ?
● Disposez votre véhicule en éclairant le véhicule accidenté, feux de détresse allumés.
● Postez à 200 m, dans les deux sens, une personne qui fera des signaux de ralentissement, lumineux la nuit. (Lampe électrique, linge blanc...)
● Coupez le contact du véhicule accidenté et serrez le frein à main.
● Évitez les attroupements inutiles et dangereux, et ne fumez pas.

---

saigne-t-il ? *Is he bleeding?*

Si le blessé saigne abondamment

● Appuyez sur la plaie directement avec la main ou avec un linge propre.

● Allongez-le sur le dos en respectant l'alignement « TÊTE-COU-TRONC ».

● Couvrez-le, rassurez-le.

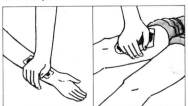

NE JAMAIS *Never*

● ÉVACUER UN BLESSÉ SANS ATTENDRE LES SECOURS
● ABANDONNER UN BLESSÉ APPAREMMENT MORT
● DONNER A BOIRE OU A MANGER

NE PAS RETIRER LE CASQUE INTÉGRAL D'UN MOTO-CYCLISTE SAUF S'IL VOMIT OU NE RESPIRE PLUS

Cette manœuvre délicate devrait s'effectuer à deux, en veillant à l'alignement « TÊTE-COU-TRONC ».
L'un retire le casque, l'autre soutient la tête puis la pose au sol.
Selon le cas placez le blessé en Position Latérale de Sécurité ou pratiquez le bouche-à-bouche.

Edité par *Le Secours Routier Français*

Travail de groupe

Votre tâche
Préparez une présentation de trois minutes (maximum) pour la télévision pour renseigner le public sur l'essentiel des informations contenues dans le dépliant.

● Cherchez les points les plus importants dans le dépliant.

● Pensez à la façon la plus efficace de transmettre ce message au public.

● Préparez ensemble la présentation.

Ensuite chaque groupe présentera son spot publicitaire devant les autres membres de la classe. Lequel était le mieux réussi, et pourquoi?

GRAMMAIRE

IMPERATIF: un peu de révision

verbe	tu	vous
manger	mange	mangez
finir	finis	finissez
attendre	attends	attendez
se laver	lave-toi	lavez-vous
ouvrir	ouvre	ouvrez
aller	va	allez
	(vas-y)	
être	sois	soyez
avoir	aie	ayez
savoir	sache	sachez
ne pas manger	ne mange pas	ne mangez pas
ne pas se laver	ne te lave pas	ne vous lavez pas

CONDUITE ACCOMPAGNEE

JE NE SAIS OU ALLER.
IL FAUT ME DONNER DE
BONNES INDICATIONS,
TU SAIS.

BON. ALORS
TU TOURNES
À DROITE.

... MAIS PASSE
EN DEUXIEME.
N'OUBLIE PAS ÇA.

REGARDE.
C'EST CE QUE
JE FAIS!

FAIS ATTENTION
AU CYCLISTE, LÀ...

AIE CONFIANCE EN MOI,
C'EST TOUT CE QUE
JE DEMANDE!

OK OK...
CALME-TOI.

RASSURE-TOI,
J'SUIS CALME, MOI!

RALENTIS...
N'ESSAIE PAS
DE DEPASSER
CE CAMION... *lorry*

TROP TARD,
J'Y VAIS.

ALORS... METS
LE CLIGNOTANT, *indicator*
AU MOINS...

MAIS CALME-TOI,
NE T'ENERVE PAS!
ARRETE DE ME
CRITIQUER!!
IL FAUT QUE
J'APPRENNE!!!

CALMONS
NOUS...

JE NE TE
CRITIQUE PAS...

... MAIS SOIS
PRUDENT...

ET TOI,
SOIS AIMABLE -
PERMETS-MOI
DE PRENDRE
UN PEU
L'INITIATIVE.

... FREINE...
... DOUCEMENT...

ECOUTE, NE RALE PAS... *BREAK*

FREINE!
TE DIS-JE!

BON, CHERCHE, LES
PAPIERS. VOILA LE
POLICIER QUI
ARRIVE.

NE CRIE
PAS...

J'SUIS TRANQUILLE.
APRES TOUT, C'EST TOI
LE RESPONSABLE.

Exercice rapide

Après avoir lu et discuté la bande dessinée, étudiez-la un moment en silence.

Passez alors à l'exercice suivant. Pouvez-vous le faire sans regarder la bande dessinée?

Demandez un service, en mettant la deuxième personne au singulier de l'impératif.

par exemple: *Je te demande de prendre la rue à droite*
→ Prends la rue à droite!

Je te demande de

mettre le clignotant	arrêter de me critiquer	me permettre de prendre l'initiative
ralentir	avoir confiance en moi	me donner de bonnes indications
faire attention au cycliste	être prudent	ne pas oublier ça
passer en deuxième	être aimable	ne pas râler
freiner	te calmer	ne pas crier
écouter	te rassurer	ne pas essayer de dépasser ce camion
chercher les papiers		ne pas t'énerver

Quelques conseils élémentaires avant de prendre la route

Il est important de veiller avant le départ à ce que le véhicule soit en parfait état de marche, avec une attention toute particulière aux organes de sécurité: état de fonctionnement et réglage des freins, des phares, des essuie-glace, pression adéquate des pneumatiques etc.

Conduire un véhicule pendant des heures nécessite une parfaite forme physique:
• dormez suffisamment la veille afin de ne pas prendre le départ déjà fatigué;
• observez des arrêts fréquents, ne serait-ce que de quelques minutes, afin de briser le rythme monotone de la conduite et relaxez-vous.
• arrêtez-vous au moindre «coup de pompe» plutôt que de conduire avec cette sensation de fatigue extrême qui mène parfois à l'endormissement.

Assurez une bonne aération du véhicule: une atmosphère confinée, surchauffée et la fumée de cigarette sont des facteurs qui se surajoutent à la fatigue préexistante.

Assurez-vous d'une alimentation correcte, avant et pendant le trajet, mais sans excès. Il n'est pas bon non plus de prendre le départ à jeûn.

Evitez les abus de café et de boissons excitantes.

Evitez absolument les boissons alcoolisées (qui provoquent une baisse de la vigilance et des réflexes et un rétrécissement du champ de vision).

Attention aux médicaments, en particulier aux sédatifs.

Enfin n'oubliez pas de boucler votre ceinture de sécurité.

50 Millions de consommateurs,
juillet–août, 1984

Lisez attentivement le texte, et trouvez les expressions qui correspondent à celles-ci:

fonctionnant comme il faut   la nuit précédente   aussitôt qu'on se sent fatigué
faites entrer assez d'air dans la voiture   qui existait déjà   mangez comme il faut
sans avoir rien mangé   surveillance attentive

Quand vous aurez compris, étudié et discuté ces conseils, *tournez la page* pour considérer le cas de ...

Jean-Jacques

Les faits:

> Il est rêveur de sa nature.
> Il prend des médicaments pour calmer ses nerfs.
> Hier, il est allé à une soirée très animée.
> Lui et ses copains et copines de l'école technique ont fêté tard dans la nuit la fin de leurs examens.
> Son ami René fait des études de viticulture.
> Personne n'a songé à préparer de quoi manger.
> Aujourd'hui, lui et sa copine Amélie doivent se mettre en route pour leurs vacances . . . . . . à Naples.

La question:

> DEVRAIT-IL CONDUIRE AUJOURD'HUI?

Travail à deux

Une personne joue le rôle de Jean-Jacques; l'autre, le rôle de son meilleur copain, Félix/son père/Amélie (à vous de choisir; en tout cas, c'est une personne qui le tutoie). Cette deuxième personne essaie de lui persuader de ne pas se mettre au volant, en expliquant les dangers. (S'il s'obstine, il faudra du moins lui offrir quelques conseils . . .)

LE JOUR J

Pour avoir son permis en France il faut réussir à deux épreuves: le code de la route et l'épreuve de conduite.

Le Code de la route a le visage familier d'un contrôle scolaire. Sur quarante réponses, il faut en avoir trente-cinq justes. Le code est acquis pour deux ans: on a le temps de passer le permis.

Et puis voilà la vraie épreuve, angoissante, celle dont on cauchemarde à l'avance, c'est l'épreuve de conduite. Voici le témoignage d'une jeune candidate.

— J'avais beau me dire que tout le monde finit par l'avoir, que d'ailleurs ce n'est pas si important que ça, que ma vie n'en dépendait pas, j'avais un trac horrible. Je m'étais préparée comme une championne olympique: pas de café, ni d'alcool, ni de tabac pendant deux jours; couchée tôt mais réveillée à cinq heures, bref quand je me suis assise devant le volant, mon pied tremblait sur la pédale! En fait, les deux premières fois on m'a collée ... Oh, qu'est-ce que j'ai fait de bêtises! ... après, j'ai voulu renoncer ... mais puis je l'ai passé une troisième fois, et puis voilà, j'ai été reçue!

En tout cas, elle n'a pas fait de bêtise comme la mère de Bertrand!

Ecoutez l'anecdote qu'il raconte, et décidez laquelle de ces images correspond à la situation.

Code Test: Le Code Robert (Possibilité de réponses multiples)

(*solution page 18*)

1

à l'entrée de cette agglomération :

- A la route est une «nationale»
- B elle perd son caractère prioritaire
- C la vitesse n'est pas limitée
- D la vitesse est limitée

2

- A les véhicules sur rail ont priorité sur les véhicules routiers
- B l'agent peut faire signe au tramway de s'arrêter
- C son machiniste doit respecter les signaux de prescription absolue

3

un chargement peut dépasser de plus de 3 m à l'arrière :

- A non
- B oui

il peut dépasser l'aplomb avant :

- C exact
- D faux

4

cette signalisation :

- A annonce une descente
- B annonce une montée
- C ne concerne pas les véhicules lents
- D concerne tous les caravaniers

5

la force centrifuge peut être cause de dérapage :

- A non
- B oui

le dérapage peut être évité en dégonflant légèrement ses pneus :

- C non
- D oui

6

en cas d'accident grave, il faut essayer de débrancher la batte

- A non
- B oui

couper le contact suffit :

- C non
- D oui

LES AUTOMOBILISTES NE POURRONT PLUS SE PROMENER TOUT NUS!

Ecoutez une fois le bulletin en regardant le vocabulaire.

Vocabulaire

nu	naked
plaisanter	to joke
lors de	at the time of
une carte grise	vehicle registration document
une amende	fine
une attestation d'assurance	insurance certificate
dans un délai de	within the space of
passible	liable
sanctionnable	punishable
un durcissement	hardening
la réglementation	rule/law

Exercice de compréhension | 3w

La deuxième fois que vous écoutez le bulletin essayez de remplir les blancs.

Attention! __Plus__ *(No longer)* question de conduire sans papiers, c'est officiel ce soir.

Depuis aujourd'hui on __ne__ plaisante __de plus.__

Lors de chaque contrôle de police:

	papiers à présenter	amende pour non-présentation
1	Permit de Conduite	75F
2	Carte de enééée	230F 200
3		

Si dans un délai de ___5___ jours vous n'avez pas présenté ces papiers dans un ___Commiseria___ vous risquez ___900___ F. par document.

Qu'y a-t-il de nouveau dans cette réglementation?

Travail oral à deux

- Imaginez la conversation, le jour de cette nouvelle réglementation, entre un(e) policier(ière) et un(e) automobiliste qui n'a pas tous ses papiers avec lui/elle.

Quelles excuses pourrait-il/elle faire?

exemples:

Mais monsieur, je ne porte jamais mes papiers avec moi.

Je ne connaissais pas la nouvelle réglementation.

Vous aurez besoin de vous servir de plusieurs expressions négatives. Les connaissez-vous toutes?

ne ... pas	ne ... point
ne ... rien	ne ... aucun/aucune
ne ... jamais	ne ... que
ne ... plus	ne ... personne
ne ... ni ... ni	ne ... guère

- Maintenant essayez une autre conversation avec votre partenaire:

Policier(-ière)/automobiliste qui vient de dépasser la limite de vitesse. L'automobiliste doit faire autant d'excuses que possible en utilisant des phrases négatives.

- Changez de rôle:

Contractuel(le)/automobiliste qui est garé(e) dans un endroit interdit. Encore une fois l'automobiliste doit faire ses excuses.

Maintenant à vous

exemple: Il a dit: «N'oubliez pas les papiers.»
réponse: Il m'a dit de ne pas oublier mes papiers.

1 Il a dit: «Ne faites pas cela.»
2 Elle a conseillé: «Ne sortez pas ce soir.»
3 Elle a demandé: «Ne perdez jamais ce papier.»

Complétez
Le professeur m'a conseillé de . . .
Inventez autant de conseils que possible en employant des expressions négatives suivies de l'infinitif.

Travail écrit

Un mot d'excuse . . .
Imaginez que vous êtes arrivé à votre cours de français sans la composition que vous auriez dû écrire. Votre prof veut entendre votre excuse . . . en français!

Ecrivez un paragraphe employant au moins cinq expressions négatives.

GRAMMAIRE

A noter dans le bulletin

pour **ne pas** avoir vos papiers sur vous

Notez:
je **n'ai pas** mes papiers
vous restez passible de la première amende
pour **ne pas** avoir vos papiers sur vous

exemples:
il m'a dit de **ne pas** oublier mes papiers
elle m'a conseillé de **ne pas** sortir seul
elle m'a demandé de **ne jamais** le perdre

QUI PARLE A QUI?

Pour chaque propos à gauche, trouvez à droite la bonne réponse!

on part dans deux minutes!

Oui, prends-en.

Maman, il a pris mon chocolat!

Dites-la-nous.

Je peux goûter ce poisson?

Alors, montrez-la-leur.

Je peux conduire?

Rends-le-lui, Pascal.

Il y a une raison pour tout cela, vous savez . . .

Mais attends-moi!

Elles ne connaissent pas la route.

Bien sûr, vas-y.

Départs, retours:
le week-end rouge

Le grand chassé-croisé des vacanciers commence demain soir pour se terminer dimanche. La coïncidence d'un 1ᵉʳ août et d'une fin de semaine, qui ne s'était pas vue depuis 1981, fait craindre une paralysie du réseau routier.

Alerte rouge. Le prochain week-end, qui verra les grands départs d'août et les retours des vacanciers de juillet sera, sur le plan de la circulation routière, le plus chargé de l'année. Plus de 14 millions de personnes, soit quelque 4 millions de véhicules sillonneront l'Hexagone. Jour le plus critique: samedi. Selon Bison futé, une paralysie totale du réseau est à redouter durant cette journée qui enregistrera à elle seule 60% des embouteillages du week-end.

Le grand chassé-croisé traditionnel de l'été s'annonce donc cette année sous des couleurs particulièrement sombres, en raison du calendrier qui fait tomber le 1ᵉʳ août un samedi, ce qui ne s'était pas produit depuis 1981. L'ampleur du trafic prévu donne des sueurs froides aux responsables de la Sécurité routière. C'est pourquoi Pierre Méhaignerie, ministre de l'Equipement et des Transports, a enjoint aux préfets, de prendre des mesures de sécurité draconiennes et de ne faire preuve *«d'aucune indulgence»* envers les automobilistes coupables d'infraction. Gendarmes et policiers auront à charge de réprimer sévèrement tout écart de conduite.

PAR PIERRE GALLEREY

Afin de limiter, autant que faire se peut, la surcharge du trafic, le

La première journée de vacances est trop souvent gâchée par les embouteillages. (Photo AFP)

ministre de l'Equipement a demandé à la Régie Renault d'avancer au jeudi 30 juillet la date de fermeture de ses usines et à la firme Peugeot d'étaler les prises de vacances de ses salariés entre le 29 et le 31 juillet. Décisions judicieuses, mais qui risquent de n'avoir qu'une faible incidence sur la grande cohue.

Différents flux migratoires vont

en effet se conjuguer sur les routes de France: les traditionnels départs de fin de semaine, représentant environ 2,3 millions de personnes, viendront grossir la cohorte aoûtienne (6,5 millions de vacanciers) qui croisera les 3,3 millions de «juillettistes» regagnant leurs pénates. Ajoutons, pour faire bonne mesure, les 900.000 ressortissants étrangers qui se

rendent dans les stations françaises et les 800.000 qui viennent d'en épuiser les charmes.

Le premier conseil de Bison futé est donc, d'évidence, d'éviter de partir samedi, jour d'asphyxie générale du réseau.

Les jours les plus *«favorables»*, toutes proportions gardées, sont aujourd'hui jeudi et lundi, pour ceux qui disposent d'une certaine marge de manœuvre. Quant aux retours, les spécialistes préconisent de prendre la route dimanche ou lundi.

Dès aujourd'hui, ces retours s'annoncent difficiles sur l'axe Montpellier-Beaune et dans la région lyonnaise, avec une traversée du tunnel de Fourvière toujours critique. Vendredi sera également très chargé et de nombreux bouchons sont attendus dans les parages des côtes atlantiques. Dans la partie nord de l'Hexagone, Il est fortement déconseillé de prendre la route après 21 heures.

Dimanche, toujours des problèmes dans la vallée du Rhône et la traversée de Lyon, avec de nouveaux points noirs à l'Ouest, dans la région du Mans, d'Angers et de Rennes. Après cette grande migration aux allures d'exode, la France, lundi, reprendra son souffle, mais la majorité des grands axes continueront à connaître un fort trafic avec de grosses difficultés ponctuelles.

P. G.

Avec l'aimable autorisation du journal *Le Figaro*.
© *Le Figaro*, 1988

Evidemment, c'est un texte assez difficile. Ne cherchez pas chaque mot dans le dictionnaire; cherchez simplement les mots-clés qui vous aideront à prendre des notes sous les titres suivants:

a Les raisons de l'inquiétude des autorités.

b Les mesures à prendre si vous devez voyager.

ETRE JEUNE CONDUCTEUR – A NICE!

Nadège raconte les habitudes de conduite des Niçois — assez particulières, il faut le dire!

Pour chaque expression à gauche choisissez dans la liste à droite la définition qui correspond.

Vocabulaire

réussir	du premier coup	sans faire attention
conduire	comme un pied	à la première tentative
	n'importe comment	comme il faut
	de façon classique	très mal

1ère partie

1 Nadège a passé son permis cette année ou l'année dernière?

2 Elle l'a réussi du premier coup ou du deuxième?

3 Les habitudes de conduite à Nice sont-elles prudentes ou imprudentes?

2ème partie

4 Nadège venait de passer le permis ou elle ne l'avait pas encore passé?

5 Elle était avec un ami ou avec une amie?

6 Cette personne lui a dit de s'arrêter ou de continuer?

7 Il y a 20 ans Nice était une petite ville ou une grande ville?

3ème partie

8 Les voitures niçoises sont en état neuf ou elles sont cabossées?

9 Quand il y a un accident léger les conducteurs s'arrêtent ou pas?

10 Quelqu'un est rentré dans sa voiture, ou c'est elle qui a touché l'autre?

4w

Maintenant essayez de compléter ce résumé de ce que dit Nadège, en réécoutant si nécessaire.

Selon Nadège, les conducteurs niçois (commettre) _____ beaucoup d'imprudences, et ils ont plein de m_____ habitudes. Par exemple, personne ne respecte les _____ à droite, ni les _____ oranges, ni même les stops. La règle principale, c'est «à qui passe le _____», ou bien «ça passe ou ça _____.» Vraiment, c'est la loi de la _____, la véritable anarchie. Comme il n'y a pas assez de _____, tout le monde se _____ en double file, et presque toutes les voitures ont quelques petites _____.

Pouvez-vous expliquer ce que Nadège veut dire par la phrase suivante: «Je conduis comme un pied ... bon, je conduis bien, c'est-à-dire que ... »

Aimeriez-vous apprendre à conduire à Nice?

En route

...J'ai mon permis de conduire depuis trois jours seulement, et déjà je suis meilleur chauffeur que lui!

Nicolas ne conduit pas très bien...
...heureusement que je sais faire le secourisme...

...C'est idiot de choisir le 1er août pour cette promenade...

Mais où est le chien?

Travail écrit

Nicolas et sa tante Sidonie, accompagnés d'Anne et de Frédéric, font une promenade en voiture pour visiter le Château de Montandon.

Inspirez-vous de ce dessin pour écrire, en forme de dialogue, leur conversation. Attention — employez vos propres mots! (200 mots)

NB: une astuce: pour mieux réussir votre dialogue, rappelez-vous une dernière fois:

> *— tous les articles que vous avez lus à propos de la route*
>
> *— la conversation enregistrée sur cassette.*

Faites un effort spécial pour employer:

> — le vocabulaire et les expressions que vous avez récemment appris
>
> — les pronoms (le/la/les, lui, y, en)
>
> — la construction impérative (par exemple viens! venez! calme-toi! calmez-vous!).

Solution (p. 12):

1 A, B, D	**2** A, B, C	**3** A, D
4 A, C, D	**5** B, C	**6** B, C

SUD OUEST

LUNDI 10 AOUT 1987

TOULOUSE

Il aimait les 2 CV

L'amour immodéré d'un Toulousain pour les 2 CV l'a conduit une soixantaine de fois au commissariat. Mais c'est aujourd'hui fini... Il préfère les 504!

Les policiers toulousains ont arrêté hier, pour la soixantième fois en dix ans, Michel H., voleur de voitures. Ce Toulousain de souche, âgé de 40 ans, s'est spécialisé durant la décennie à voler exclusivement des 2 CV. Après chaque vol, Michel se faisait prendre ayant roulé dans Toulouse quelques jours, parfois même seulement quelques heures, avec la dernière voiture «empruntée» de son modèle préféré. Chaque fois, le malfaiteur insolite était incarcéré quelques jours, la police s'étant vite rendu compte que son «client» ne jouissait pas de toutes ses facultés.

Hier, les inspecteurs de la sûreté de permanence ont été surpris en procédant à l'interrogatoire de Michel H. Il leur a en effet annoncé qu'il ne volerait plus de voitures parce que, venant de percevoir de substantiels arriérés de pension, il va s'en acheter une. «Une 2 CV?», ont demandé les policiers.

«Oh! Que non, a répliqué Michel H. Ce sera une 504. Ma décision est prise.

— Et pourquoi pas la voiture de vos préférences?

— Parce que une 2 CV, je risquerais de me la faire voler.»

Michel H., avant de se rendre chez Peugeot, ira d'abord consulter un psychiatre. C'est en tout cas ce que les inspecteurs lui ont fortement conseillé.

la 504

la 2CV

Compréhension du texte

Vrai ou faux?
Corrigez les phrases fausses.

1 Michel H. aime les 2CV.
2 Il vient d'être arrêté pour la première fois.
3 Il a passé beaucoup de temps en prison.
4 Il est complètement sain d'esprit.
5 Il ne va plus voler de voitures.
6 Il va acheter une 2CV.

Langage
Dans le texte il y a plusieurs expressions un peu exagérées, et des termes que l'on emploie souvent dans l'administration. Trouvez pour chaque terme l'expression plus quotidienne qui correspond le mieux.

1 le malfaiteur (l.15)   a la police
2 insolite (l.15)   b être remboursé
3 incarcéré (l.15)   c mis en prison
4 les inspecteurs de la sûreté   d bizarre
  de permanence (l.20–1)
5 percevoir des arriérés (l.26–7)   e le voleur/
                                               le criminel

Travail individuel

Vous travaillez comme employé au Commissariat de Toulouse, et c'est à vous de noter sur une fiche les détails de chaque suspect arrêté. Remplissez les détails de Michael H.

COMMISSARIAT DE TOULOUSE

NOM:

AGE DE:

DELIT COMMIS:

DATE DU DELIT:

CASIER JUDICIAIRE:

MESURES A PRENDRE:

Travail à deux

Premier rôle: Michel H.
Deuxième rôle: psychiatre

C'est au psychiatre de chercher à comprendre les raisons éventuelles pour lesquelles Michel H. vole les 2CV. Il/elle posera beaucoup de questions, par exemple sur son éducation, son enfance, sa famille, etc...

Questions éventuelles du psychiatre:

Enfance/famille:
Quand vous étiez jeune...
Vous avez des frères/des sœurs?
...vos rapports avec vos parents
                              frères/sœurs
Pourquoi avez-vous...?
Pourquoi n'avez-vous pas...?

Education:
...vos rapports avec les profs
                    vos camarades de classe
Qu'est-ce qui vous plaisait le plus à l'école?
                              le moins?

Après cet entretien, les différents psychiatres pourraient raconter et comparer ce qu'ils ont découvert!

JAPON: Airbus en Péril

Remplissez les blancs en écoutant la cassette (plusieurs fois si nécessaire).

Les 247 _____ d'un airbus de la Thaï — La Compagnie d'Aviation Thaïlandaise — sont encore _____ le choc _____ soir. Hier, _____ Japon leur _____ a fait une _____ en catastrophe de _____ ____ _____ mètres à cause d'une baisse _____ de pressurisation dans la cabine. L'appareil a réussi ____ _____ de fortune sur l'aéroport d'Osaka.

Cet airbus A300 a été _____ à la Compagnie Thai Internationale le ____ _____ _____. Cela n'a pas _____ qu'un défaut de la cloison séparant la cabine pressurisée de la section queue provoque ____ _____ parmi ses _____ occupants. Les masques à oxygène se sont _____ mais beaucoup ____ _____, projetés contre les parois et aspirés _____ le fond de l'appareil n'ont ____ les utiliser. La forte dépressurisation ____ _____ exploser les trappes situées à l'_____ de l'airbus. De _____ mètres d'altitude il est passé ____ _____ minutes à _____ mètres. C'est ____ que le pilote ____ _____ reprendre le contrôle de l'avion. ____ blessés au total _____ ___ grièvement sur _____ passagers, mais _____ _____ très _____ de se _____ à Osaka.

Des techniciens de l'Airbus Industrie vont _____ les causes _____ de l'accident survenu seulement après _____ heures de ____. Déjà ____ août 85 ____ Japon dans les monts Ogura un Boeing 747 de la Japan Airlines s'était _____. Le bilan était ____ 520 morts et à l'origine de _____ catastrophe on retrouvait ____ même _____ de rupture de cloison interne.

Travail à deux

Premier rôle

Vous êtes membre de l'équipage, heureux de vous retrouver à Osaka, mais moins heureux de devoir faire face aux dizaines de journalistes qui vous attendent. Répondez aux questions du journaliste français. (Heureusement que vous avez appris le français à l'école!)

Deuxième rôle

Vous êtes journaliste français, de passage à l'aéroport quand l'incident se produit. Vous profitez de l'occasion pour aller poser des questions à un membre de l'équipage, puisqu'on vous a dit qu'il/elle parle assez bien le français.

Voici des questions pour vous aider à commencer; vous aurez besoin d'en formuler d'autres.

A quel moment est-ce que vous vous êtes rendu compte qu'il y avait un problème?

Qu'est-ce que vous étiez en train de faire à ce moment-là?

Combien de blessés y a-t-il eu parmi les passagers?

Avez-vous pu les secourir?

Comment avez-vous essayé de calmer les passagers? N'ont-ils pas été pris de panique?

Exercice écrit individuel

Répondez aux questions suivantes.

1 Combien de passagers ont été blessés?
2 Quand l'avion a-t-il été livré?
3 Qui a été projeté contre la paroi?
4 Qui a été aspiré vers le fond de l'avion?
5 Pourquoi est-ce que les causes de l'accident ont été étudiées?
6 Quel problème a été retrouvé à l'origine de cette catastrophe?

Travail de groupe

Conférence de presse

La moitié des étudiants prennent le rôle de journalistes, les autres sont les passagers/le pilote/l'équipage d'un avion qui vient de faire un atterrissage de fortune à cause d'un problème technique.

Préparation

Passagers/équipage: choisissez ensemble la situation/l'endroit, etc. de votre drame et choisissez vos rôles. (N'oubliez pas que vous êtes toujours sous le coup de l'émotion!)

Journalistes: préparez vos questions et rappelez-vous que vous voulez écrire un article plein de drame et d'émotion!

Travail écrit

Après la conférence de presse...

Les journalistes écrivent leur article et les passagers et l'équipage écrivent une page de leur journal intime. Il serait peut-être amusant de les mettre tous au mur pour pouvoir ensuite comparer les récits!

LE TRAVAIL C'EST LA SANTE...

Vous travaillez dans un restaurant fast-food, où le patron n'aime pas vous voir vous reposer. Il y a très peu de clients en ce moment, mais il peut toujours inventer un petit travail quelconque pour vous occuper. Comme vous avez vraiment envie de vous détendre un peu, il faut essayer de le persuader qu'il n'y a rien à faire (d'une façon très polie, bien sûr).

les hamburgers, vérifier qu'il y a assez de coca-cola, sortir les ordures, aller chercher de la monnaie à la banque...

Vous pouvez peut-être inventer d'autres tâches.

exemples:

Patron: Vous pouvez balayer le trottoir.
Vous: Mais monsieur, je l'ai déjà balayé il y a une heure.
Patron: Alors vous pouvez nettoyer les tables.
Vous: Mais Christophe les a déjà nettoyées.

Maintenant à vous

Répondez chaque fois en employant le passé composé du verbe.

Patron: Eh bien, il y a toujours le plancher à laver et les WC à nettoyer. Ensuite vous pouvez vider les poubelles, ranger les chaises hautes, préparer

SAM. 21-DIM. 22-MARS 1987

PARIS PARALYSÉ PAR LE FEU PENDANT TROIS HEURES

Dramatique incendie rue de la Chaussée-d'Antin: deux morts, huit blessés.

DEUX personnes ont péri et six pompiers ont été blessés dans le gigantesque incendie qui s'est déclaré, hier après-midi, dans un immeuble 35, rue de la Chaussée-d'Antin à Paris (IXe) à l'angle de la rue Joubert.

Selon les premiers éléments de l'enquête, le feu aurait pris accidentellement vers 14 h 45, dans la cage d'escalier et certains témoins auraient entendu ensuite une explosion, attribuée à la chaudière de l'immeuble qui abrite des bureaux, des studios et des chambres meublées.

«La fumée a gagné rapidement tous les étages jusqu'au sixième», raconte une vendeuse de chaussures.

Une employée du magasin Hit-Parade ajoute: «Les pompiers ont fait un travail fantastique. Ils ont secouru, avec la grande échelle et à l'aide de masques à oxygène, cinq personnes prisonnières des flammes et de l'épaisse fumée âcre. Les gens étaient comme hébétés et une femme, dans la précipitation, est sortie complètement nue.»

«A travers la fumée, j'ai aperçu deux mains accrochées à la balustrade d'une fenêtre du cinquième ... Je ne pourrai jamais l'oublier», racontait un responsable du service sécurité des Galeries Lafayette, un ancien pompier de Paris qui a assisté impuissant à l'incendie de la terrasse du grand magasin.

Première victime

Les cent trente soldats du feu ont lutté pendant presque trois heures pour se rendre maîtres du sinistre. Au quatrième étage ils ont trouvé la première victime, une femme. Au cinquième, gisait le deuxième corps, une femme encore, prise au piège de la fournaise.

Mais tandis que les pompiers continuaient à lutter, Paris a été paralysé pendant trois heures. A l'arrivée des voitures de pompiers et de police, toutes sirènes hurlantes, près des grands magasins du boulevard Haussmann, tout le monde a pensé à l'attentat et ça a été l'affolement. Puis la fumée et l'odeur de brûlé se sont répandus, s'insinuant dans les rues adjacentes, dans les boutiques, les bars et dans les voitures immobilisées pare-chocs contre pare-chocs. Le périmètre de sécurité mis en place par la police était tel que les habitants du quartier n'ont pu regagner leur domicile, les vendeuses leurs magasins et les livreurs leurs camionnettes ...! Une pagaille monstrueuse.

Jean-Pierre MAIRE

Exercice de compréhension

Lisez d'abord l'article.

Ensuite cherchez dans le texte, et notez, des phrases ou des morceaux de phrase qui ont le même sens que:

1 Il y a eu deux morts.

2 Un immeuble a pris feu.

3 On croit que l'incendie a commencé par accident.

4 Des passants ont dit qu'ils croyaient avoir entendu une explosion.

5 Dans l'immeuble il y a des bureaux, des studios . . .

6 Les pompiers ont aidé cinq personnes qui ne pouvaient pas sortir.

7 Un homme qui était autrefois pompier a regardé l'incendie sans pouvoir rien faire.

8 Les pompiers ont essayé de maîtriser l'incendie pendant 3 heures.

9 Le corps d'une femme était étendu . . .

10 Tout s'est arrêté à Paris pendant 3 heures.

11 Quand les voitures des pompiers sont arrivées en faisant beaucoup de bruit . . .

12 Les habitants ne pouvaient pas rentrer chez eux.

Cet exercice vous aura aidé à mieux comprendre le texte. S'il y a toujours des mots que vous ne comprenez pas, cherchez-les dans un dictionnaire ou demandez à votre professeur.

A discuter en classe

- Pourquoi pensez-vous que le journaliste a utilisé les phrases que vous avez trouvées, au lieu d'autres plus simples? Essayez de rédiger ensemble une liste de phrases ou de mots qui rendent l'article plus vivant pour le lecteur.

- Regardez bien le temps des verbes dans l'article. Auriez-vous employé les mêmes?

Travail oral à deux

Préparation

Premier rôle: chef des pompiers

- Ecrivez les notes que vous avez prises au cours de l'incendie:

  date   heure   lieu   personnel
  matériel utilisé   blessés   morts
  causes possibles   témoins interrogés
  évacuation du quartier

Deuxième rôle: journaliste du Parisien

- Vous allez interviewer le chef des pompiers à la suite de l'incendie et vous voulez préparer vos questions pour ne pas perdre de temps.

exemple:
Combien de pompiers étaient sur les lieux? Quel matériel avez-vous utilisé?
causes   témoins   morts   blessés
actes d'héroïsme.

(Rappelez-vous que vous avez un article de journal à écrire — vous devez penser à attirer l'attention de vos lecteurs!)

A deux

L'interview: le journaliste prend des notes.

En classe

Résumez ensemble avec le professeur ce que vous savez de cet incendie, sans trop regarder le texte. S'il y a toujours des morceaux que vous ne comprenez pas, demandez au professeur ou aux autres étudiants.

Travail écrit individuel

A faire en classe

Vous travaillez pour la radio. On vous demande d'écrire quelques minutes de texte pour le bulletin des actualités le soir même de l'incendie. Après les avoir écrites vous pourrez tous les lire en classe ou les enregistrer, si possible, et puis choisir les plus dramatiques!

Travail écrit individuel

Avant de commencer cet exercice étudiez bien les exemples suivants.

a Michel H. a dit: «Je vais acheter une 504.»
   Il a dit qu'il allait acheter une 504.

b Michel a ajouté: «Je ne volerai plus.»
   Il a ajouté qu'il ne volerait plus.

c Il a annoncé: «Je n'ai volé que des 2CV.»
   Il a annoncé qu'il n'avait volé que des 2CV.

Maintenant à vous

Le lendemain de l'incendie on a interviewé les témoins.

exemple:
«La fumée *a gagné* rapidement tous les étages jusqu'au sixième», *raconte* une vendeuse.

Une vendeuse *a raconté* que la fumée *avait gagné* rapidement tous les étages.

Continuez

1 Une employée du magasin Hit-Parade a ajouté que les pompiers _____.

2 Le responsable du service sécurité des Galeries Lafayette a raconté qu'il _____.

Et il faut imaginer ce qu'ont dit ces autres:

3 Un agent de police a dit qu'il _____.

4 Un habitant du quartier s'est plaint qu'il _____.

5 Une passante a ajouté qu'elle _____.

LE BULLETIN D'INFORMATIONS – VOUS AVEZ BIEN ENTENDU?

Pour chaque reportage de l'émission sur la cassette, vous trouverez ci-dessous quelques propositions fausses. Corrigez-les pour montrer que vous avez bien entendu, en employant toutefois des phrases entières.

Vocabulaire

piégé	boobytrapped
le bilan	number of casualties
les dégâts (m)	damage
alentour	around, nearby
selon	according to
un fourgon	wagon, van
revendiquer	to claim responsibility for
franchir une étape	to break new ground
bourré	stuffed
un sidérurgiste	iron/steel worker
manifester	to demonstrate
une grève	a strike
une odyssée	odyssey
secourir	to aid
la marine	navy
s'installer	to settle
libérer	to free
révéler	to reveal
un concurrent	competitor
une inconscience	lack of caution
le tribunal correctionnel	county court
un coq	cockerel
coupable	guilty
une concubine	partner, girlfriend
régler l'affaire	sort it out
un somnifère	sleeping tablet

Voiture piégée au Liban

Une voiture piégée a explosé dans le vieux quartier de la ville. Quarante-six personnes ont été tuées, douze autres ont été blessées. Les dégâts matériels sont de peu d'importance.

Incendie au Mans

Le bâtiment a été entièrement détruit cette nuit.
L'immeuble en question est situé dans la banlieue du Mans.
La semaine dernière un grand incendie a été maîtrisé dans le bâtiment d'à côté.

Voiture piégée en Corse

L'attentat a été revendiqué tout de suite.
Cinq gendarmes assis à la terrasse d'un café ont été blessés.
La voiture piégée était vide.
Le chauffeur s'est suicidé en déclenchant l'explosion.

Sidérurgistes en Pologne

Plusieurs centaines de sidérurgistes ont fait la grève hier.
Ils envisagent de continuer la grève si leurs heures de travail sont coupées.

Réfugiés vietnamiens

Le groupe de réfugiés a été recueilli en mer par un bateau de pêche.
Ils ont navigué deux jours avant d'être secourus par la marine.
On ne leur a pas permis de s'installer en France.

Pirates de l'air

Plusieurs personnes ont été tuées par les pirates.
Deux otages ont été libérés, et on vient d'annoncer leurs noms.

Accident au Tour de Béthune

Neuf spectateurs ont été blessés quand un cheval a couru dans la foule. Ce sont les spectateurs qui se tenaient à la sortie qui ont été blessés. Les spectateurs se sont battus pour mieux voir.

Une affaire de coq

C'est la première fois qu'on demande au villageois de passer le coupable à la casserole.
Il a dit qu'il pourrait régler l'affaire en lui tordant le cou pour qu'il ne chante plus.

L'Imparfait/le passé composé

Vous savez sans doute qu'en général on emploie:

- Le temps imparfait

  . . . pour parler des états,
  des habitudes

  . . . pour décrire les circonstances,
  ce qu'on est en train de faire

- Le passé composé

  . . . pour annoncer un événement

  . . . pour mettre en valeur une action

Il faisait du soleil.
L'homme avançait.
Les gens regardaient.

Il a commencé à pleuvoir.
L'homme est tombé.
Les gens ont ouvert leurs parapluies.

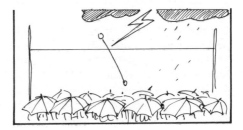

Exercice

Complétez les phrases, en choisissant bien le temps du verbe.
Attention – il faut considérer le sens de chaque phrase!

1 Tandis que les pompiers (   ) à lutter, la circulation s'est arrêtée.

2 Il y (   ) une forte houle de l'autre côté du Channel lorsque l'aéroglisseur a quitté
Calais.

3 Les gens étaient comme hébétés et une femme, dans la précipitation, (   )
complètement nue.

4 L'agent (   ) tout de suite que son client ne jouissait pas de toutes ses facultés.

5 Tout (   ) calme quand soudain on (   ) une explosion terrible.

6 Normalement, je (   ) des 2CV, mais ce jour-là (   ) une Peugeot.

7 Pendant toute la journée, il (   ) les allées et venues des pompiers et des policiers;
puis, à cinq heures, il (   ) sa confession.

8 Comme le cambrioleur (   ) les objets volés dans son sac, la septuagénaire
(   ).

LINDA — (3 ANS) — LUI DOIT LA VIE

Présent/passé

Très souvent on utilise le présent au lieu du passé composé pour faire un reportage. Ceci rend les événements plus immédiats, plus dramatiques — comme par exemple dans l'article suivant, qui raconte l'histoire de Linda, sauvée par son chien.

Donnez les deux formes du verbe, passé et présent.

(Attention! — dans le troisième paragraphe il faut mettre les verbes plutôt à l'imparfait qu'au passé composé! Pouvez-vous dire pourquoi?)

NANCY

La petite Linda, trois ans, peut bien caresser encore plus affectueusement sa chienne Belle qui ne la quitte jamais. Elle lui doit tout simplement la vie.

Vendredi, vers 16 heures, l'enfant *(disparaître)* de la cour de ses parents à Neuves-Maisons, près de Nancy. Elle *(se servir)* d'un seau retourné pour escalader la clôture, et sa fidèle compagne de jeu la *(suivre)*. Sa mère, Mme Delma, *(s'apercevoir)* rapidement de ce départ et *(commencer)* ses recherches en compagnie d'un voisin. Comme elles *(ne rien donner)*, elle *(avertir)* le commissariat.

Celui-ci *(venir)* justement d'être prévenu qu'on *(venir)* de trouver une enfant trempée et transie de froid dans une rigole bétonnée qui *(conduire)* les eaux usées au tout-à-l'égout du secteur. Il *(s'agir)* de Linda.

Lucie Ott, voisine, intriguée par les aboiements insistants, *(venir)* voir près de la tranchée et *(découvrir)* le drame. Le frère de Lucie, Maxime, *(réussir)* à sortir de là la pauvre gosse qu'on *(emmener)* rapidement chez les Ott pour la laver, la réchauffer et lui prêter des vêtements secs.

La grande peur passée, tout le monde *(se réjouir)* de revoir la petite fille saine et sauve grâce à son sauveteur à quatre pattes. Mais chacun aussi *(frémir)* rétrospectivement. Linda, qui avait parcouru 2 kilomètres, est tombée tout près de trous beaucoup plus profonds et marécageux.

Le Parisien, 23.3.87

UN ALIBI EN BETON

L'expression **venir de**, suivi de l'infinitif, s'emploie pour signaler une action récemment complétée. On met le verbe soit *au présent*, soit à *l'imparfait*, en fonction de la narration.

- Je **viens de** découper les pommes. Je **prépare** maintenant la sauce. (*narration au présent*)
- Elle **venait de** partir; il **a téléphoné** trop tard. (*narration au passé*)

Un voleur a pénétré dans le coffre-fort de la Banque, pour voler plusieurs millions de francs. Le détective responsable de l'enquête a noté les détails du délit, ainsi que les mouvements des deux suspects principaux, selon leur propre témoignage. Discutez les alibis, en vérifiant les heures et en disant aussi ce que chacun **venait de** faire à tel ou tel moment.

Les Événements	Jacky *libéré de prison*	Dédé
lundi 16		
mardi 17 Banque ouverte 8.30 – 18h Le suspect entre et se cache dans les W.C.	17.30 – 18.30 – passe chez le coiffeur	10.30 achète fausse mitrailleuse comme jouet "Pour son neveu"
18h · arrivée de la femme de ménage	18.45 achète des fleurs	18h Église St Luc: participe à la messe
19h – sortie de la femme de ménage	19 – 20h à l'hôpital rend visite à sa vieille mère malade	19 – 24h au "Ricks Bar"
20h – explosion (coffre-fort plastiqué) 20h10 fuite en voiture volée		21h 20 reconnu au "Ricks Bar" par son ancien assistant social: "Il paraissait nerveux".
mercredi 18	11h – S'achète une Mercedes neuve (argent liquide!)	10h: Église St Luc: se fait confesser

839481462

02567817

VOLEUR DE 25 ANS MIS HORS D'ETAT DE NUIRE PAR UNE VIEILLE DAME

Puis, très calmement, elle a prévenu la police.

... qui avait pénétré dans son appartement de la grande rue Jean-Moulin, à Montpellier (Hérault).

Une patrouille qui se trouvait à proximité...

Samedi, vers 5 h 30, la vieille dame, âgée de soixante-seize ans, a été réveillée par Thierry Lelouche, un menuisier demeurant à Paris, ...

... qui a déjà été emprisonné dans le passé à Nîmes (Gard) pour vol avec violence.

Nullement effarouchée, la vieille dame a réussi à reprendre le butin et à bouter le voleur hors de l'appartement en le poussant dans l'escalier...

Une septuagénaire particulièrement vigoureuse a réussi à se débarrasser, seule, d'un cambrioleur de vingt-cinq ans,

... au moment où il regroupait des objets qu'il s'apprêtait à emporter.

... a pu intercepter le voleur, ...

... avant de refermer la porte d'entrée.

Travail à deux

France-Soir, 13.7.87

Vous trouverez ci-dessus une série de phrases qui constituent le compte rendu d'un fait divers, mais dont on a brouillé l'ordre. Remettez-les dans le bon ordre pour refaire l'article.

Douvres: l'accident d'aéroglisseur a fait quatre victimes

Le bilan de l'accident de l'aéroglisseur qui a heurté, samedi, une jetée du port de Douvres, s'est alourdi. Les autorités anglaises ont dénombré deux morts (une Brésilienne et un Anglais), deux disparus (une Anglaise et un Français), pour lesquels il n'y a plus d'espoir, et trente-neuf blessés dont douze Français.

Une commission d'enquête désignée par le ministère britannique des Transports est à pied d'oeuvre, depuis samedi soir, afin de déterminer les circonstances de cet accident.

L'aéroglisseur avait quitté Calais, samedi, à 16 h 30, dans des conditions atmosphériques meilleures que celles enregistrées à Douvres. De l'autre côté du Channel, le vent soufflait à moins de 60 km/h, mais il y avait des rafales jusqu'à près de 80 km/h. De plus, il y avait une forte houle avec des creux de plusieurs mètres.

De l'avis des habitués du port de Douvres, le pilote a dû être surpris par une grosse lame alors que l'aéroglisseur se présentait face au vent entre les jetées. La passe à cet endroit est large d'environ deux cents mètres, soit quatre fois la longueur de l'aéroglisseur. L'appareil qui passait, peut-être, trop près du brise-lames, a dû être soulevé à l'arrière bâbord pour être plaqué sur le tribord à l'ouest de l'ouvrage.

De son côté, le président de la chambre de commerce de Douvres pense que de gros risques ont été pris. Il a notamment déclaré: «A mon avis, il y avait trop de vent. Les aéroglisseurs n'auraient pas dû être autorisés à voyager.»

Pourtant, le soir de l'accident, deux autres appareils sont arrivés à l'hoverport sans difficultés. Le commandant Nigel Briggs, qui effectue quotidiennement cette manoeuvre, reconnaît que la passe est difficile par gros temps mais pas dangereuse.

Le trafic a repris normalement, dimanche, en fin d'après-midi, entre les hoverports de Boulogne, Calais et Douvres.

enregistrer	– to record
une rafale	– gust
une houle	– swell
un creux	– hollow; (here, a wave)
une lame	– a wave
la passe	– channel
soit	– i.e.
le brise-lames	– breakwater
bâbord	– port side
tribord	– starboard
plaquer	– to flatten
quotidiennement	– daily
effectuer	– perform
par gros temps	– in heavy weather
reprendre	– to be resumed

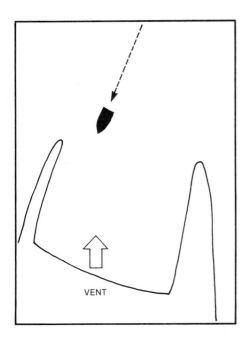
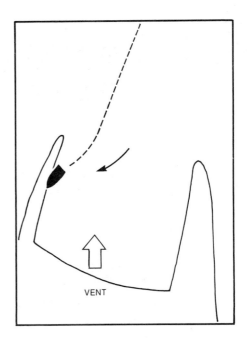

Pour bien faire un reportage, il faut se servir de tous les temps des verbes.
Relisez l'article, en prêtant une attention toute particulière aux verbes, et aux temps que le journaliste a sélectionnés. A chaque fois, posez-vous la question: pourquoi a-t-il choisi ce temps-là?

Exercice

Notez les morceaux de phrase où l'on trouve:

    a le temps présent

    b le plus-que-parfait

    c l'imparfait

    d le passé composé

    e le conditionnel passé

Arrivez-vous à les traduire en anglais?

> Attention à l'orthographe et au genre!
>
> les autorités **(f)**
> autoriser
> les circonstances **(f)**
> le pilote
> la jetée
> le risque

L'INVITATION AU VAMPIRE

Quand un écrivain a envie de créer un décor ou une atmosphère quelconque, de décrire quoi que ce soit, il se sert du temps imparfait. C'est pour cette raison qu'on rencontre souvent l'imparfait au début même d'une histoire . . . comme celle-ci, par exemple.

C'était la nuit du 31 octobre . . . la fête des morts. Dans la forêt de Transylvanie, tout était calme, tout était noir. Les oiseaux dormaient dans les arbres; les lièvres, les biches, les écureuils, tous les animaux dormaient. Seules les chauves-souris voltigeaient parmi les sapins. La pleine lune brillait; la nuit était belle.

Mais, au village, les hommes craignaient la nuit. Tous les soirs, avant de se coucher, les gens du village fermaient les portes, les fenêtres et les volets. Ils portaient toujours une croix autour du cou. Dans leur chambre, ils disposaient de l'ail autour du lit; et tous les soirs, avant de s'endormir, ils faisaient le signe de la croix. Ils avaient peur de quelque chose — ou plutôt de quelqu'un . . .

Cependant, il y avait une jeune villageoise qui ne croyait pas aux histoires de vampire. Elle s'appelait Sophie. Sophie ne mettait pas d'ail dans sa chambre; elle ne portait jamais de croix; et, en effet, cette nuit-là la fenêtre de sa chambre est restée entrouverte.

La belle dormait tranquillement . . .

On peut facilement s'imaginer ce qui s'est passé ensuite! Evidemment, si l'on continuait l'histoire, tôt ou tard, on aurait besoin du passé composé pour raconter les événements, — surtout les événements soudains et dramatiques.

C'EST VOUS L'ECRIVAIN!

Exercice de style

Ecrivez seulement le début d'une histoire (polar, espionnage, horreur . . .). Votre tâche est de créer une atmosphère et de jouer sur le suspense — en utilisant autant que possible l'imparfait du verbe. Arrêtez-vous juste avant l'action . . . ce sont alors vos camarades de classe qui vont continuer l'histoire à l'oral — en utilisant autant que possible le passé composé.

LA FICTION ET LA REALITE

Voici une salade russe de vraies et de fausses dépêches de presse. Serez-vous capable d'identifier les vraies informations que nous avons recueillies sur les télex des grandes agences de presse? Il y en a une sur deux, les autres étant de pures inventions. Attention! Le vrai n'est pas toujours vraisemblable et le faux relève souvent du possible.

1 Une commerçante de Bruges a servi 15 000 cornets de frites à ses clients pendant les trois jours des vacances de Pâques. La presse belge, qui rapporte l'événement, n'hésite pas à parler du record du monde.

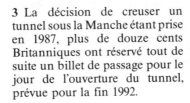

2 Un père de famille a réussi à détruire son pavillon à Clermont-Ferrand en voulant détacher une salopette. Il avait bourré d'essence le tambour de la machine à laver. La machine a explosé comme une bombe à la première étincelle électrique dans le moteur.

3 La décision de creuser un tunnel sous la Manche étant prise en 1987, plus de douze cents Britanniques ont réservé tout de suite un billet de passage pour le jour de l'ouverture du tunnel, prévue pour la fin 1992.

4 Un frère et une sœur de Little Rock (Arkansas), âgés de 24 et 28 ans, ont été accusés d'avoir déterré le cadavre de leur père, assassiné il y a cinq ans par un autre de ses enfants, pour en ôter les dents en or, sur lesquelles ils pensaient qu'était inscrit le numéro d'un compte bancaire en Suisse.

5 La gendarmerie de Contres (Loir-et-Cher) vient d'arrêter trois adolescents qui s'amusaient depuis un an à inverser, la nuit, les flèches de signalisation de la route verte Paris-Espagne qui traverse leur petite ville. Ainsi trompés, de nombreux automobilistes reprenaient en sens inverse la route qu'ils venaient de suivre.

6 Au cours d'une seule année, trente-sept inventeurs ont déposé un brevet pour moteur fonctionnant avec de l'eau comme carburant, selon l'Institut national de la propriété industrielle.

7 Un avion de ligne de la compagnie américaine Alaska Airlines a été retardé pendant une heure sur l'aérodrome de Yakutak à la suite d'une collision avec un poisson. Le poisson, a-t-on précisé, a été lâché par un aigle peu après le décollage de Juneau en direction de Yakutak.

8 Vingt-trois Chinois, dont plusieurs octogénaires, sont morts d'une crise cardiaque en refaisant la Longue Marche (10 000 km) à laquelle ils avaient participé avec Mao pendant l'hiver 1934–5. Près de huit cents des anciens compagnons du Grand Timonier s'étaient présentés au départ; seuls une cinquantaine ont pu terminer.

Le Point, 24.8.87 (adapté)

LE PARISIEN — 19 JANV. 1987

LE HOLD-UP DU DESESPERE TOURNE AU FIASCO

Vocabulaire

mots à vérifier:
une cagoule
le volet blindé
s'affoler
une attente
menacer
se jeter par terre
prétexter un malaise
un examen de comptabilité
négocier
un coup de feu
se suicider

On a enregistré sur cassette les témoignages de deux personnes lors d'un hold-up à la Caisse d'Epargne de Saint Martin: une caissière, et un client.

Ecoutez-les attentivement, puis rédigez un compte rendu de l'affaire pour un journal régional, sous le titre donné.

A la Une

Travail écrit

Vous êtes journaliste au *Parisien*.

Hier vous avez assisté à *l'un* des incidents que vous voyez ici. Maintenant vous avez 250 mots à écrire. Vous auriez certainement pris des notes, alors rédigez-les d'abord: lieu, heure, morts, blessés, témoins interrogés...

UNE FAMILLE DÉCIMÉE POUR UNE QUERELLE D'AMOUREUX
Fou de colère après la dispute, le jeune homme avait sauté dans sa voiture, 130, 140... Soudain, la collision, trois morts dont deux enfants.

PRISONNIERS DE LEUR MAISON EN FLAMMES

Vingt blessés dans l'explosion d'une tour à Saint-Gratien (Val-d'Oise)

«J'ai cru que l'immeuble s'effondrait!» PTC©

Un avion s'écrase sur l'autoroute

SÉBASTIEN (13 ANS) A DISPARU JUSTE AVANT L'INCENDIE DE LA MAISON

3ème Unité

Rencontres

BELIER (21 mars/20 avril)

Le Bélier a le goût de l'aventure. C'est aussi un ambitieux, qui aime travailler pour être premier. Il est pratique, mais capable d'agir sur un coup de tête; capable aussi d'actes d'héroïsme. Direct, il ne mâche pas ses mots.
Il aime: les couleurs franches; dépenser!

TAUREAU (21 avril/20 mai)

Le Taureau a les pieds sur terre; il est réaliste, patient, et capable d'un travail assidu. Très hospitalier, casanier aussi, il reçoit souvent des amis – et c'est en effet un ami des plus fidèles, même si ses colères sont redoutables.
Il aime: les arts; tout ce qui est de bon goût.

PORTRAITS ASTROLOGIQUES

GEMEAUX (21 mai/20 juin)

C'est un grand curieux, qui aime les gens et les voyages, et qui a besoin de beaucoup d'action dans sa vie. Il change tout le temps, et trouve difficile d'accepter la discipline. Flirt parfois, il est aussi diplomate et jouit d'un sens de l'humour ironique.
Il aime: les plantes vertes; le téléphone.

CANCER (21 juin/21 juillet)

Le Cancer est tatillon: il déteste prendre des risques, et il recherche la sécurité, au foyer et au travail. Il est rêveur, idéaliste, et travailleur tenace (il s'accommode bien de la routine). On peut tout lui raconter — c'est un excellent confident.
Il aime: le confort; la maison — c'est le centre de sa vie.

LION (22 juillet/21 août)

Le Lion est un dirigeant né. Il a beaucoup d'enthousiasme et d'énergie, et vise haut. Il ne choisit pour amis que ceux qu'il admire. Il peut être susceptible et vaniteux; en revanche il est chaleureux et loyal. Raffiné, il s'endette pour avoir des objets de luxe.
Il aime: les bijoux; la gloire.

VIERGE (22 août/22 septembre)

Celui qui est né sous ce signe est bien organisé, efficace, précis, et doué souvent d'un esprit d'analyse; il s'investit totalement dans son travail. Il est réservé et discret, dévoué à ses amis et très compréhensif. C'est un perfectionniste de nature!
Il aime: collectionner; imiter ses amis, ses profs, etc.!

BALANCE (23 septembre/22 octobre)

L'harmonie est chère à cet idéaliste diplomate; il est d'un caractère conciliant. Tolérant, il sait s'adapter à tout, sauf à la laideur. Il a horreur de l'excès, ses goûts étant raffinés. Il a le sens de la justice et prendra la défense du moins fort; mais il hésite à prendre des décisions.
Il aime: le beau, le rare.

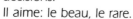

SCORPION (23 octobre/22 novembre)

Le Scorpion est un être compliqué; franc et direct, il choisit pourtant ses amis avec beaucoup de soin, et se montre à la fois possessif et loyal. Il travaille dur mais tolère mal la routine; il a le goût de l'insolite. Dépensier, l'argent lui brûle les doigts.

Il aime: les casinos; les vêtements excentriques.

SAGITTAIRE (23 novembre/20 décembre)

Pour le Sagittaire, le mouvement, c'est la vie. Il aime les voyages; il est ambitieux, vigoureux et athlétique, et montre une grande force de caractère. A la fois communicatif et indépendant, il ne supporte pas la flatterie; il a beaucoup d'amis. Il est débrouillard, perfectionniste, et souvent surmené.

Il aime: les bibelots, les objets anciens.

CAPRICORNE (21 décembre/19 janvier)

Patient, vigilant, possessif et tenace, le Capricorne aime la paix et s'accommode bien de la solitude — ce qui fait qu'il semble parfois distant et altier. Il est bon élève et perfectionniste, et fera tout pour satisfaire ses ambitions. C'est un ami fidèle mais exigeant.

Il aime: porter de vieux vêtements; être propriétaire.

VERSEAU (20 janvier/19 février)

C'est le signe le plus humanitaire et le plus idéaliste du zodiaque, celui qui veut le plus changer le monde; le Verseau aime le genre humain et aime aider les autres. Il accepte les gens tels qu'ils sont. Il est indépendant de nature; son habillement fait sensation.

Il aime: tout ce qui est moderne; l'aventure.

POISSONS (20 février/20 mars)

Celui qui est né sous ce signe préfère la pensée à l'action. Il n'est pas compétitif, mais plutôt sensible et attentif aux autres; son caractère est très doux. L'instinct lui sert de guide; dispersé, il change souvent d'emploi, et ignore tout ce qui ne l'intéresse pas.

Il aime: la rêverie; les objets exotiques.

Vocabulaire

Pour vous aider, notez et employez ces expressions

être capable de	
trouver facile/difficile de	parler
hésiter à	
faire tout pour	

s'accommoder de		la solitude
tolérer	bien/mal	la flatterie
supporter		

à la fois	fidèle et exigeant
en même temps	

en revanche
d'un autre côté
au contraire

Travail à deux

Chaque portrait est très court — et peut-être tout à fait faux! Discutez, à deux, la justesse de ce qu'on a écrit sur vous. Décidez comment il faut changer cette description (et ce qu'il faudrait y ajouter).

LOTO

Travaillez à trois ou à quatre pour chercher des adjectifs:

- qui ont les terminaisons que vous voyez ci-contre.

- qui décrivent chacun un membre de votre groupe.

C'est le groupe qui trouve les neuf adjectifs le premier qui gagne. Au cas où deux groupes terminent simultanément, c'est à celui qui peut ajouter le plus grand nombre d'autres adjectifs aux terminaisons données.

NB: *une astuce: vous trouverez de nombreux adjectifs convenables parmi les portraits astrologiques que vous venez de lire.*

-ique	-ieux -ieuse	-iste
-ier -ière	-é -ée	-if -ive
-ant -ante	-ble	-eur -euse

Mathilde et Chantal

Avant d'écouter cet extrait, réfléchissez à un copain ou une copine à vous — de quelle manière est-ce que vous pourriez compléter les phrases suivantes à son égard?

Elle/il a les cheveux . . .
    les yeux . . .
    le teint . . .

Elle/il passe son temps à . . .

Elle/il a tendance à être . . .

Pendant ces dernières semaines elle/il a . . .
        est . . .

Décrire les autres, ce n'est pas toujours si facile que ça; on a demandé à deux personnes qui devraient se connaître relativement bien de faire un portrait l'une de l'autre. Voici quelques mots à vérifier avant l'écoute:

un os   une qualité

câline   pétillant

une poupée   la flûte traversière

En écoutant la cassette, prenez des notes sur chacune sous les titres suivants.

	Chantal, décrite par Mathilde	Mathilde, décrite par Chantal
son âge		
son aspect physique (cheveux, teint, figure, taille)		
ses passe-temps		
ce qu'elle fait bien		
... et moins bien		
ce qu'elle a fait récemment		

Voici quelques qualités et quelques défauts; est-ce que vous vous rappelez les adjectifs correspondants qu'ont employés Mathilde et Chantal?

la gourmandise   elle est un peu . . . . .

la générosité   très   . . . .

la distraction   assez   . . . . .

l'exigence   trop   . . . .

la tendresse   bien   . . . . .

Travail à deux

Revenez maintenant à votre portrait de copain ou de copine, et décrivez-le/la à votre partenaire, en ajoutant le plus de détails possibles.

Exercice oral/écrit

Elle les a fait friser . . . elle se les est fait friser . . .

Pas facile, la grammaire, quand on a 10 ans! Regardez la différence entre ce qu'on fait soi-même, et ce qu'on fait faire par les autres, et essayez de compléter les exemples suivants.

ce qu'on fait tout seul	et ce qu'on fait faire
j'ai réparé mon vélo décoré ma chambre aménagé le grenier révisé la voiture	j'ai fait réparer mon vélo
je me suis frisé les cheveux coupé teint	je me suis fait friser les cheveux

Etudiants: comment se fabrique un crack

186 lauréats cette année au Concours général. Qui sont ces grosses têtes qui gagnent tous ces lauriers? D'où viennent-ils, comment travaillent-ils, à quoi rêvent-ils? Neuf d'entre eux ont accepté de se confesser au *Point*. Ils y dévoilent leurs secrets, leurs méthodes de travail, autant que leur vie quotidienne.

(Concours général: concours national ouvert aux étudiants français de 17 et 18 ans)

Qui sont-ils et comment se fabriquent-ils?

Voici un résumé de ce que *Le Point* a découvert.

- Ils viennent d'un milieu où les valeurs familiales sont en harmonie avec celles de l'école.

- Ils sont amoureux du labeur et ont un goût de la connaissance et du travail bien fait.

- Ils ont été élevés avec une très grande liberté. On les a très tôt traités en adultes.

- La plupart d'entre eux ont toujours été très méticuleux, très ordonnés. Des cahiers bien tenus, une écriture soignée, des devoirs bien présentés semblent être leur règle de vie.

- Ils travaillent beaucoup chez eux et en plus ils ont développé des procédures mentales qui leur permettent de tout comprendre et de tout enregistrer en classe.

- Les cracks sortent peu et ont peu d'activités extra-scolaires, sauf pour quelques surdoués qui semblent concilier avec bonheur une vie de fêtard accompli avec des performances scolaires hors pair.

Pour autant, les cracks n'ont pas l'esprit étroit. Au contraire, ces jeunes sont de plain-pied avec la réalité qui les entoure. Leur culture, souvent cosmopolite, toujours vaste, les rend même plus sensibles que d'autres. Littéraires ou matheux, toujours complets, les cracks présentent cet intérêt de servir d'exemple: si la réussite scolaire est moins une affaire de don qu'une question de travail, elle devient susceptible de faire des émules. Il faut démystifier l'idée qu'il y aurait des élèves doués; tout est surtout question de méthode.

Le Point, N° 825, 11.7.88

Vocabulaire

lauréats	– gagnants de prix
grosses têtes	– élèves intelligents
lauriers	– prix
le labeur	– le travail
surdoué	– plus doué que les autres
hors pair	– extraordinaire
une vie de fêtard	– une vie où on s'amuse beaucoup
pour autant	– néanmoins/et pourtant
de plain-pied avec	– au même niveau que
matheux	– qui étudient les maths

SERGINE PONSARD

- **Age:** 17 ans et demi.
- **Etablissement:** lycée Champollion, à Grenoble.
- **Mention:** premier prix d'allemand.
- **Milieu familial:** « Ma mère, d'origine allemande, est professeur d'allemand; il m'a donc été facile d'être bilingue. Mon père, lui, est professeur de français.»
- **Emploi du temps:** *Lever:* 7 h. *Petit déjeuner:* «Café. Le reste dépend de mon humeur.» *Trajet:* vingt minutes à pied. *Déjeuner:* à la maison. *Soirée:* «Je répète des pièces de théâtre, au maximum deux fois par semaine, et je vais au cinéma ou au théâtre.»
- **Nombre d'heures d'étude à la maison:** environ deux heures par jour.
- **Comportement en classe:** «J'interviens souvent. Je suis assez extravertie.»
- **Héros:** celui de «La peste».
- **Activités extrascolaires:** «Le théâtre et l'escalade en montagne.»
- **Profession idéale:** «J'hésite encore entre la recherche scientifique (biologie ou maths) et le journalisme.»

- **Etudes envisagées:** lettres supérieures, option sciences politiques; ou une classe préparatoire de biologie, comme celle de mathématiques supérieures.
- **Rêve le plus fou:** faire une découverte scientifique ou écrire une œuvre littéraire.
- **Qu'est-ce que la réussite pour vous?** «Faire intelligemment ce que l'on veut en ayant conscience des choix que cela implique et de ce qu'on laisse tomber.»
- **Avez-vous un petit ami?** «Oui. Je l'ai rencontré à la montagne.»
- **Plats préférés:** brochettes et mousse au chocolat.
- **Boissons favorites:** champagne et asti.
- **Livres préférés:** «Antigone», d'Anouilh, et «Elsa», d'Aragon.
- **Journal préféré:** *Le Monde.*
- **Homme politique préféré:** «C'est une femme, Rosa Luxemburg, parce qu'elle a totalement épousé le contexte de son époque.»
- **Votre plus grande crainte dans la vie:** l'ennui.
- **Type de vacances:** «Voyager. Cet été, je vais en Turquie, en Grèce et en Islande.»
- **Vous considérez-vous intelligente?** «Oui. J'ai eu 20 à l'oral du bac de français. J'ai été un des leaders de la contestation étudiante et lycéenne contre la loi Devaquet parce que je savais parler en public et que je connaissais très bien le projet du ministre. Mon proviseur dit que j'ai une très forte personnalité.»

SERGE AUDIER

- **Age:** 18 ans.
- **Etablissement:** lycée Henri-IV, à Paris-5ᵉ
- **Mentions:** premier prix de philosophie, premier prix de français en 1987.
- **Milieu familial:** père chimiste, mère économiste. «Tous les parents influencent leurs enfants dans une certaine mesure. S'ils m'avaient vraiment influencé, j'aurais dû avoir le premier prix de chimie. Or, je suis plutôt un littéraire. Mais disons que je suis né dans un milieu où il y avait des livres: ça m'a donné envie.»
- **Premiers signes de talent:** «J'ai manifesté des dons pour la peinture depuis . . . toujours.»
- **Emploi du temps.** Lever: 7 h. *Petit déjeuner:* «Je ne mange rien, je bois un jus d'orange.» *Déjeuner:* à la cantine. *Soirée:* «Je commence à travailler le plus vite possible et je m'interromps vers minuit-1 heure.»
- **Comportement en classe:** «J'interviens quelquefois. J'ai de très bons rapports avec tout le monde. Je discute avec mes camarades.»

- **Nombre d'heures d'étude à la maison:** «C'est difficile à dire, parce que je travaille tout le temps. Ça fait partie de ma vie.»
- **Héros:** aucun.
- **Activités extrascolaires:** «Je me promène, j'écoute de la musique et je peins.»
- **Profession idéale:** professeur de philosophie. «J'espère pouvoir enseigner dans une classe prépa sur Paris.»
- **Etudes envisagées:** «Hypokhâgne et khâgne au lycée Henri-IV, puis Normale-Sup, si je réussis.»
- **Rêve le plus fou:** Créer quelque chose d'intellectuel qui me satisfasse. Par exemple, écrire une œuvre de philosophie qui soit vraiment une création pas uniquement un commentaire d'histoire de la philosophie.»
- **Qu'est-ce que la réussite pour vous?** «Mener une vie qui remplisse pleinement mes aspirations intellectuelles et morales.»
- **Avez-vous une petite amie?** «Non.»
- **Plat préféré:** mousse au cassis.
- **Boisson favorite:** l'eau.
- **Livres préférés:** «Critique de la raison pure», de Kant, «Du côté de chez Swann», de Proust.
- **Journal préféré:** *Le Monde.*
- **Homme politique préféré:** aucun.
- **Votre plus grande crainte dans la vie:** devenir aveugle.
- **Type de vacances:** studieuses.
- **Vous considérez-vous intelligent?** «Oui.»

RAPHAËL BES

- **Age:** 17 ans.
- **Etablissement:** lycée La Pérouse, à Albi.
- **Mentions:** premier prix de version grecque, deuxième prix de thème latin, troisième prix de version latine.
- **Milieu familial:** père en préretraite, mère commerçante. «Aucune influence directe des parents; en revanche, le fait que mon père ait fait des études classiques m'a motivé.»
- **Premiers signes de talent:** «Très jeune, vers 7 ans, je préférais la lecture du "Petit Larousse illustré" à toute autre activité; en cours préparatoire, j'ai su lire bien avant les autres, dès le début de l'année.»
- **Emploi du temps.** Lever: 7 h les jours de cours; 12 h le dimanche. *Petit déjeuner:* un lait chaud. *Déjeuner:* à la cantine. *Soirée:* «Je fais souvent un tour en ville avec les copains avant de rentrer chez moi travailler; je vais parfois au théâtre municipal d'Albi.»
- **Comportement en classe:** «J'interviens, je pose des questions lorsque j'ai un doute, surtout en maths. Dans la classe, j'ai des amis aussi bien parmi les bons élèves que parmi les moins bons.»

- **Nombre d'heures d'étude à la maison:** «Je travaille environ quatre heures par semaine. Pour les interros, je bûche au dernier moment.»
- **Héros:** Tintin, Wilander et McEnroe.
- **Activités extrascolaires:** tennis, natation, piano.
- **Profession idéale:** «J'ai toujours rêvé de devenir écrivain ou compositeur.»
- **Etudes envisagées:** lettres classiques ou langues vivantes.
- **Rêve le plus fou:** «Voyager toujours, toujours . . .»
- **Qu'est-ce que la réussite pour vous?** «C'est bien s'intégrer, c'est-à-dire faire en sorte que ceux que j'aime m'aiment bien. L'argent et la gloire ne m'intéressent pas. Je veux surtout être bien dans ma peau.»
- **Avez-vous une petite amie?** «Pas actuellement.»
- **Plats préférés:** riz et pâtes.
- **Boisson favorite:** Coca-cola, limonade.
- **Livres préférés:** les œuvres de Gide, Proust, Simone de Beauvoir.
- **Journaux préférés:** toutes les revues sur le sport, notamment sur le tennis.
- **Homme politique préféré:** Mitterrand.
- **Votre plus grande crainte dans la vie:** la solitude complète.
- **Type de vacances:** «Je les passe en famille, à la campagne. Je joue au tennis, je me promène et je lis.»
- **Vous considérez-vous intelligent?** «Je me trouve plutôt bête dans la vie pratique.»

Exercice

- Après avoir lu le texte et les réponses de trois des étudiants questionnés, remplissez vous-même le questionnaire.

- En discutant par groupes les réponses des membres de votre classe, est-ce que vous pouvez tirer des conclusions comme a fait le journaliste du magazine *Le Point*?

  Sujets à discuter:
  Votre emploi du temps, votre comportement en classe et vos heures d'étude diffèrent-ils beaucoup?
  Avez-vous les mêmes goûts?
  Vos espoirs pour l'avenir: sont-ils très différents?

- Rédigez un résumé de votre discussion pour rapporter aux autres groupes.

7w

Nom:	Etudes envisagées:
Age:	Rêve le plus fou:
Etablissement:	Qu'est-ce que la réussite pour vous?
Milieu Familial:	Avez-vous un(e) petit(e) ami(e)?
Premiers signes de talent:	Plats préférés:
Emploi du temps:	Boisson favorite:
Comportement en classe:	Livres préférés:
Nombre d'heures d'étude à la maison:	Homme/femme politique préféré(e):
Héros:	Plus grande crainte dans la vie:
Activités extrascolaires:	Type de vacances:
Profession idéale:	Vous considérez-vous intelligent(e)?

Claudie Deshays, une femme pour l'espace

Docteur bardée de diplômes, trente ans le mois dernier et un air d'étudiante, Claudie Deshays est un médecin hors du commun. Seule femme en Europe, elle a été sélectionnée par le CNES (Centre National d'Etudes Spatiales) en même temps que six autres spationautes français pour partir un jour dans l'espace.

En vous portant candidate, vous répondiez à une petite annonce ou vous réalisiez un rêve?
Etant scientifique, c'était une opportunité formidable de participer à cette double aventure; l'aventure physique et l'aventure scientifique.

Vous avez eu l'impression de réussir un examen?
J'ai été étonnée à chaque fois que je franchissais une étape; les examens, j'ai pourtant l'habitude, mais là, la sélection, le résultat final, ça change la vie.

Vous aviez 28 ans, qu'est-ce que cela implique pour la vie de tous les jours?
Sur le plan personnel, je vous dirais simplement que mon mari était d'accord; cela a changé mon orientation professionnelle. Je prépare une thèse de doctorat; et puis il y a les fonctions pseudo officielles.

Pseudo officielles?
Des fonctions de représentation au cours des activités du CNES. Nous sommes motivés, enthousiastes, nous sommes là aussi pour dynamiser les gens sur l'espace, leur montrer que les jeunes s'intéressent à ça et que demain n'est pas si loin.

Peut-il arriver que vous ne «voliez» jamais?
Bien sûr, les vols sont en coopération avec d'autres pays, les USA par exemple, il faudra être le meilleur pour être retenu parmi les européens, même si je suis la seule femme. Si je vole c'est super; si je ne vole pas, malgré tout, cela sera positif. Sur le plan personnel, cela m'a apporté une satisfaction et un épanouissement total; sur le plan scientifique, c'est incalculable. Nous sommes jeunes; même dans dix ou quinze ans, on aura encore un âge raisonnable pour voler.

Vous restez sereine même quand vous voyez l'accident de Challenger?
Nous avons été très bouleversés par l'accident; j'avais travaillé avec certains des astronautes qui étaient à bord; c'est très dur, mais si j'ai été émue sur le moment, cela n'a pas remis en cause ma motivation.

(Challenger — navette américaine qui a explosé pendant le décollage tuant tous ceux à bord en janvier 1986)

Il vous arrive d'avoir peur?
Il n'y a pas 100% de sécurité, on a admis cette éventualité. On sait que dans un cas sur 10 000 cela se passera mal; j'accepte le risque minime.

Vous parlez d'éventualités américaines, elles pourraient être soviétiques?
Pas pour l'instant puisqu'ils orientent leur choix vers des gens de formation pilote et militaire; mais j'ai des contacts tout à fait positifs avec des scientifiques soviétiques qui ne sont pas opposés au fait qu'un jour, une femme non militaire et française puisse participer à un vol.

Cela ne vous gènerait pas de partir avec les Soviétiques?
J'y vais comme scientifique faisant de la recherche. Il n'y a pas deux blocs; on se pose les mêmes problèmes. Les Soviétiques travaillent bien avec les Américains … Ce n'est pas un engagement politique d'aller voler avec les Soviétiques, c'est faire de la recherche avec des gens avec lesquels je fais de la recherche tous les jours.

Vous parlez russe?
Non, mais dans une telle éventualité, je ferais un stage intensif de six mois pour arriver à parler couramment.

Etre sélectionnée implique un niveau intellectuel très poussé?
Il faut surtout pouvoir s'adapter. Là-haut, ce qu'on va nous demander c'est une formation scientifique certes, mais s'il y a un boulon à serrer, on doit savoir le faire aussi. Ce qui aide c'est d'avoir fait de longues études afin d'être encore malléable pour apprendre sans cesse quelque chose de nouveau. Quand on cherche, on n'envisage pas de s'arrêter ➤

de chercher; et l'espace est un champ de travail énorme.

Votre sélection est-elle un handicap pour avoir des enfants?
C'est une des premières questions que j'ai posée; il n'y a pas de problème du moment que l'enfant naît un an avant un éventuel vol. Il faut savoir qu'un vol c'est 5 ou 6 mois de préparation sur place, le vol, puis le retour où il faut longuement comment-er ce qui s'est passé à tous les niveaux; c'est un minimum d'un an d'absence, voilà ce qui est important à prendre en compte familialement.

Qu'est-ce qui se passe quand on est la seule femme au milieu de six hommes?
Rien ... Je peux peut-être apporter quelque chose de plus, de différent plutôt; mais avec les six autres, nous formons un groupe totale-ment homogène. Je ne me considère pas comme à part puisque les critères de sélection étaient identiques.

Vous êtes programmée pour la Lune?
Pour l'instant, on n'en parle pas. C'est encore plus fabuleux. Cela n'a rien de comparable avec un vol sur navette. Quand je repense à cette nuit de juillet 69 ...

Biba, juillet 1987, (adapté)

Exercice de Compréhension

Lisez attentivement le texte avec l'aide d'un dictionnaire. Lorsque vous l'avez bien compris, et que vous avez noté le vocabulaire nouveau, prenez des notes sous les titres suivants.

Claudie Deshays:

1 Famille

2 Etudes

3 Emploi

4 Personnalité

5 Attitudes envers:
    l'espace
    l'égalité des femmes
    les Soviétiques
    la vie en général

(*ATTENTION:* Pour chaque titre vous aurez besoin de chercher un peu partout dans le texte. Vérifiez que vous n'avez rien manqué. On vous demande ici non seulement de rapporter des faits, mais aussi de tirer des conclusions ou de donner vos opinions, en citant les mots de Claudie sur lesquels vous les basez.)

Exercice écrit

Après avoir discuté vos réponses en classe, imaginez que le rédacteur de *Biba* vous a demandé de rédiger un résumé de 150 mots environ, puisqu'il n'y a pas assez de place pour imprimer toute l'interview. Vous trouverez utile de vous référer aux notes que vous avez faites aussi bien qu'au texte original. Evidemment, il faut utiliser vos propres mots, mais vous trouverez dans le texte des structures qui vous seront utiles, par exemple: *sur le plan personnel; sur le plan scientifique.*

Exercice oral (à deux)

1 Vous êtes Claudie et son mari et vous discutez de la candidature de Claudie. Quels sont les problèmes et les effets sur la vie du couple qu'une telle décision pourrait apporter?

2 Dans le texte on fait mention des «critères de sélection.» A deux, dressez une liste des critères de sélection possibles si vous aviez à choisir un spationaute — études, formation, famille, personnalité, etc. Ensuite, comparez vos résultats avec ceux des autres membres de la classe. Etes-vous d'accord?

BIO POLITIQUE: HARLEM DESIR

Invité, mercredi 19 août, de «L'heure de vérité», Harlem Désir, 27 ans, entre dans la «cour des grands». Voici sa «bio politique» par Sophie Coignard.

LES RACINES

Antillaises. Son père, instituteur martiniquais, est né en Guyane au hasard des déplacements de sa famille. Il monte à Paris et épouse une jeune puéricultrice alsacienne. Harlem, leur premier fils, découvre d'abord les Antilles à Paris. Chaque dimanche, toute la famille se réunit chez la grand-mère paternelle, autour d'un punch. Ambiance des îles de rigueur. Autre passion précoce: la poésie noire. Son père lui fait partager son goût pour Césaire et Senghor. Il a 14 ans lors de son premier voyage en Martinique. Une vraie révélation. *«Harlem a hérité de la pudeur martiniquaise»*, remarque un de ses amis, pour expliquer la réserve dont fait souvent preuve le leader de SOS-Racisme sur son itinéraire personnel.

HARLEM ENFANT (à gauche) AVEC SON FRÈRE EMMANUEL

DIX PRÉFÉRENCES

Le livre: «La deuxième mort de Ramon Mercader», de Jorge Semprun.
L'homme politique: Olof Palme.
Le personnage historique: Martin Luther King.
Le compositeur: Gustav Mahler.
Le peintre: Caspar David Friedrich (romantique allemand).
Le sport: l'escalade.
Le comédien: Coluche.
Le plat cuisiné: le poisson aux airelles.
Le lieu: Florence.
La citation: «La preuve du pudding, c'est qu'on le mange» (Engels).

Banlieusardes. Né à Paris en novembre 1959, il passe son enfance à Bagneux, ville rouge de la banlieue sud. Son appartement, au-delà de la cour et de l'herbe, offre une vue imprenable sur une immense barre de béton. Pendant les congés scolaires, ses parents dirigent des colonies de vacances organisées par la Ville. Il les suit et retrouve ses camarades de classe. Après une adolescence parisienne, il retourne dans la périphérie, à l'université de Créteil, qui deviendra l'un des premiers «foyers» de SOS-Racisme.

Progressistes. C'est en hommage aux luttes des Noirs américains pour l'égalité que le premier fils des Désir s'est appelé Harlem, un prénom dûment enregistré à l'état civil. Dans sa famille, très catholique, il grandit aux côtés d'un père aux sympathies de gauche, mais dont le militantisme s'exerce dans l'action syndicale, et d'une mère intransigeante à l'égard de toute manifestation xénophobe. De cette éducation, le futur champion de l'antiracisme a hérité un pragmatisme qui relègue souvent l'idéologie au second rang.

LES TOURNANTS

1968: Le regard hostile. Harlem Désir, petit banlieusard comme les autres, rencontre pour la première fois le racisme ordinaire. «Retourne dans ton pays», lui lance dans un bus un Français moyen qu'il avait vaguement bousculé. «Quel débile!», se dit Harlem, qui sait depuis son plus jeune âge que ses parents et ses grands-parents sont français. Mais c'est un choc. Lui qui considérait son métissage comme une distinction particulière découvre que le regard des autres est parfois lourd de contradictions.

1971. Le collège. Son environnement «catho de gauche» comme son goût immodéré pour la convivialité le mènent jusqu'à l'aumônerie de son CES, dans le treizième arrondissement de Paris. Sa rencontre avec Paul, l'aumônier, figure parmi les plus marquantes de sa jeunesse. Le jeune banlieusard s'ouvre sur l'humanisme, le militantisme — il exercera des responsabilités dans le syndicat étudiant Unef-ID — et la philosophie. *«Mais on vivait vraiment dans notre époque,* se souvient un de ses copains de lycée. *On lisait Platon tout en étant passionnés de moto.»*

1975. Les années lycée. A Claude-Monet, dans le treizième arrondissement, Harlem Désir, leader sans idéologie, se bat pour ouvrir un foyer, pour organiser des fêtes au lycée. «On était des malades de l'expressivité», raconte l'un de ses condisciples. Mais surtout il découvre la musique, joue des tumbas et veut devenir batteur professionnel. Il se réunit avec ses copains pour répéter, mais les cloisons des appartements modernes, et derrière elles les voisins, tolèrent mal les «bœufs» à la batterie. Alors il joue sur des coussins emballés dans des sacs plast-

300 000 «MAINS» VENDUES

ique. Fasciné par le triangle musical Brésil-Cuba-Antilles, il va écouter de la salsa bien avant que les rythmes ensoleillés ne deviennent à la mode.

1985. La petite main. L'ancien joueur de tumbas s'intéresse à la lutte antiraciste. Avec quelques copains, il part vendre son idée de grand rassemblement aux Beurs des Minguettes, à Villeurbanne. Accueil très mitigé. Pour illustrer leur projet, l'un des copains d'Harlem lance: *«Ce qu'on voudrait dire, c'est touche pas à mon pote.»* La petite main qui allait se vendre à plus de 300 000 exemplaires est née ainsi. Une intervention à «Droit de réponse», une conférence de presse dans l'indifférence générale: le découragement menace. Il faudra un hommage rendu par Signoret à la télévision pour que la presse emboîte le pas. Trois mois plus tard, Harlem Désir devient une star médiatique.

PORTRAIT CHINOIS

Si vous étiez ...	Vous seriez
une pierre	du basalte
une voiture	une formule 1
une couleur	rouge Ferrari
une boisson	du jus de tamarin
un métier	explorateur
un animal	un jaguar
un arbre	un arbre du désert
un monument	un château fort
un instrument de musique	un kâ (tambour antillais)

Le Point, N° 778, 17.8.87

Questions

1 En quoi la famille d'Harlem est-elle spéciale?

2 Quel contact Harlem a-t-il eu avec la Martinique?

3 Dans quel environnement a-t-il grandi?

4 Comment est-ce que les parents d'Harlem ont choisi son prénom?

5 A votre avis, quelle a été l'influence de ses parents sur les goûts et les attitudes d'Harlem?

6 Comment est-ce qu'il a rencontré le racisme pour la première fois?

7 Est-ce qu'il a été encouragé par les adultes?

8 Comment est-ce qu'il a contribué à la vie sociale de son lycée?

9 Quel a été son intérêt pour la musique?

10 Est-ce que le grand public s'est intéressé tout de suite lorsqu'il a lancé son idée de créer un rassemblement contre le racisme?

Recherchez . . .

- Il y a plusieurs noms géographiques dans ce texte. A l'aide d'un atlas et d'un dictionnaire bilingue, et peut-être aussi d'un dictionnaire encyclopédique, regardez où se trouvent:

  les Antilles   la Guyane
  la Martinique   l'Alsace

- Consultez les divers ouvrages de référence disponibles à la bibliothèque pour avoir les informations suivantes:

  a Quels sont les pays francophones du monde, c'est-à-dire, les pays où l'on parle français?

  b Quelles sont les anciennes colonies de la France?

  c Quels sont aujourd'hui les Départements d'Outre-mer et les Territoires d'Outre-mer (les DOM/TOM) de la France?

  d Quels ont été les pays d'origine des immigrés en France depuis les années cinquante?

- Feuilletez les revues et les journaux, si possible, pour savoir un peu comment se déroule la vie des Arabes, des Noirs, et des autres ethnies en France.

Vocabulaire

bio	= biographie
L'heure de vérité	émission à la télé, très populaire, qui prend la forme d'un entretien avec un personnage connu
entrer dans la cour des grands (fig)	devenir assez important pour être pris au sérieux
Aimé Césaire	poète martiniquais (né 1913)
Léopold Sedar Senghor	poète sénégalais (né 1906)
SOS-Racisme	organisme fondé par Harlem Désir en 1985, pour lutter contre le racisme
catho	= (arg) catholique
CES	= Collège d'Enseignement Secondaire (école pour les élèves de 11 à 16 ans)
arrondissement	à Paris, circonscription administrative, quartier
un bœuf	(arg) (jazz) une improvisation musicale
les Beurs	Français de race maghrébine, enfants d'immigrés de l'Afrique du nord
les Minguettes	quartier de Lyon habité par les Arabes
touche pas à mon pote	(arg) ne touche pas à mon copain (les noirs sont mes amis, je ne tolère pas le racisme)
la petite main	le badge porté par les sympathisants de SOS-Racisme
Droit de réponse	émission à la radio
Simone Signoret	comédienne, vedette de cinéma et militante politique

les Antilles antillais, antillaise
la Martinique martiniquais, martiniquaise
l'Alsace alsacien, alsacienne
Paris parisien, parisienne

Rencontre avec un personnage célèbre: NAPOLEON

Lorsqu'on a offert à notre reporter l'occasion de faire une interview avec M. Bonaparte, elle n'a pas hésité — après un long voyage en bateau elle est arrivée sur l'île Ste-Hélène, où elle a découvert le Général/ex-Empereur qui se promenait sur la plage...

Ecoutez chaque partie de l'entretien, pour pouvoir compléter le résumé suivant de la vie de Napoléon.

Avant l'écoute

1769: naissance de Napoléon à Ajaccio, en Corse

17__: début de la révolution française

1794: Napoléon a déjà atteint le rang de g_____

1799: il devient premier Consul de la France, et ensuite en 1804, on lui décerne le titre d'Empereur

1805: l'une des plus grandes victoires militaires — celle d'_____

Vocabulaire

un peu de vocabulaire à contrôler avant l'écoute:

rang militaire	pressentiment
exil	destin
carrière	victoire
succès	armée
puissance	
gloire	m. ou f.?

A Première partie

Dans cette première partie, M. Bonaparte répond à deux questions principales; voici les notes qu'avait préparées la journaliste avant l'entretien. Essayez de reconstituer les questions.

> étonné par votre carrière?
> de quoi/fier?

Expliquez en gros (en une phrase ou deux) les raisons pour lesquelles Napoléon:

a n'a pas été étonné par sa carrière

b est si fier de la victoire qu'il raconte.

B Deuxième partie

Voici les notes du journaliste:

-urbanisme : transformé / ville de Paris?

-ce qui l'a amené ici à Ste-Hélène?

Vocabulaire

un peu de vocabulaire:

changement	défaite	refléter
capitale	retraite	créer
inégalité	ennemi	s'inspirer de

- Pendant tout ce temps, Napoléon cherche à transformer l'aspect de la capitale — il fait prolonger la rue de _____, il fait aménager la place _____, et il fait _____ même un grand Arc, l'Arc _____, qui est si bien connu aujourd'hui.

  Mais en 18___, le déclin commence. Napoléon essaie de prendre la ville de _____, mais il est obligé de battre en retraite. Deux excuses principales pour cet échec: son armée est très _____, et puis avec l'approche de l'hiver on doit combattre le froid et ___ _____.

- Complétez ces phrases qui racontent ce qui a été fait à l'époque. Vous avez le choix entre les verbes suivants:

  attaquer   forcer   transformer   exiler   battre   réaménager

  1 Paris a été _____ sous l'Empire.

  2 La Place du Carrousel a été _____.

  3 Napoléon a été _____ par trois ennemis en même temps.

  4 Il a été _____ par les conditions climatiques.

  5 Il a été _____ à capituler devant l'ennemi.

  6 Il a été _____ à Elbe.

- Expliquez en gros pourquoi Napoléon refuse de considérer les événements de 1812 comme une défaite.

Reiser et Pouzet, Dargaud 1984

c Troisième partie

Voici les notes:

- ses sentiments ?

- ses passe-temps ?

Vocabulaire

amertume	mémoires
passé	rédiger

- Enfin, en 18____ à la bataille de _____, Napoléon est battu définitivement par les armées alliées. Il se retrouve en exil, cette fois à Ste-Hélène, où il meurt en 1821.

- «Ah! Si j'avais été compris, j'aurais réalisé beaucoup pour mon pays!» Complétez les phrases suivantes.

  1 J'aurais perdu à Austerlitz si . . . (ne pas avoir pressentiment).

  2 J'aurais gagné la bataille de Waterloo si . . . (attendre/constituer).

  3 J'aurais pris Moscou s'il . . . (ne pas pleuvoir si fort).

  4 Je ne serais pas venu ici à Ste-Hélène si . . . (gagner à Waterloo).

- Comment est-ce qu'on peut décrire Napoléon?

  Choisissez les trois ou quatre adjectifs qui conviennent le mieux, et justifiez votre choix selon ce qu'il dit au cours de l'entretien.

  modeste   lâche   têtu   hautain   fier   courageux   réaliste   rêveur   résolu

INTERVIEW

Travail à deux

A deux, choisissez chacun(e) l'un des deux rôles suivants.

1 Un(e) journaliste

Vous allez faire une interview avec un personnage célèbre; vous vous intéressez surtout à sa personnalité et à sa vie. Préparez donc les questions que vous allez poser; n'oubliez pas de parler de:
- ses racines
- sa famille
- l'environnement dans lequel il/elle a grandi, et celui dans lequel il/elle vit actuellement
- les personnes qui l'ont influencé
- ses goûts et ses intérêts

2 Un personnage célèbre (soit Harlem Désir ou Claudie Deshays, soit un autre — vedette, politicien, musicien . . .)

Vous allez répondre aux questions du journaliste. Vous savez déjà qu'il/elle s'intéresse à votre vie et à votre personnalité, mais vous ne savez pas exactement ce qu'il/elle va demander. Réfléchissez sur ce que vous allez lui dire en parlant de vous-même (assurez-vous que vous avez le vocabulaire nécessaire).

Quand vous serez prêt(e)s, faites l'interview; n'oubliez pas qu'il faut tous/toutes les deux:

- écouter attentivement l'autre
- réagir à ce qu'il/elle dit
- rester aussi naturel que possible.

Dix préférences

Quelles sont vos préférences?

La saison
Le livre
L'homme politique
Le personnage historique
Le musicien
Le sport
Le comédien
Le plat cuisiné
Le lieu
Le vêtement

Portrait chinois

Ecrivez votre portrait chinois

Si j'étais . . .   **Je serais . . .**
    une voiture
    une couleur
    une boisson
    un instrument
      de musique
    un métier
    un animal
    un monument

Les Adjectifs

GRAMMAIRE

Aide-mémoire

	singulier		pluriel	
	masculin	**féminin**	**masculin**	**féminin**
-r	noir	noire	noirs	noires
-e	sensible	sensible	sensibles	sensibles
-é	motivé	motivée	motivés	motivées
-en	quotidien	quotidienne	quotidiens	quotidiennes
-el	personnel	personnelle	personnels	personnelles
-et	muet	muette	muets	muettes
-et	complet	complète	complets	complètes
-er	fier	fière	fiers	fières
-eux	amoureux	amoureuse	amoureux	amoureuses
-if	positif	positive	positifs	positives
-al	national	nationale	nationaux	nationales

Quelques adjectifs irréguliers

beau(bel)	belle	beaux	belles
vieux(vieil)	vieille	vieux	vieilles
fou	folle	fous	folles
bon	bonne	bons	bonnes
long	longue	longs	longues
blanc	blanche	blancs	blanches
doux	douce	doux	douces
sec	sèche	secs	sèches
frais	fraîche	frais	fraîches
public	publique	publics	publiques
favori	favorite	favoris	favorites
gentil	gentille	gentils	gentilles
gros	grosse	gros	grosses
bas	basse	bas	basses
faux	fausse	faux	fausses

Notez d'autres adjectifs irréguliers si vous en rencontrez.

Exercice écrit

Remplissez les blancs.

1 Un journal quotidien . . . . la vie quotidienne

2 Les garçons sont amoureux . . . . les jeunes filles _____

3 La vie familiale . . . . les soucis _____

4 Des bijoux fabuleux . . . . des richesses _____

5 Des soucis professionnels . . . . . . des attitudes _____

6 Un point de vue positif . . . . des idées _____

7 Un compagnon idéal . . . . une femme _____

8 Une attitude officielle . . . . des papiers _____

9 Une écriture soignée . . . . des manières _____

10 Un passage étroit . . . . des rues _____

11 Un spationaute soviétique . . . . une politique _____

12 Des soucis nationaux . . . . une politique _____

13 Un rêve fou . . . . des idées _____

14 Le plan personnel . . . . des problèmes _____

15 Un plan identique . . . . une maison _____

16 Des gens aimables . . . . des personnes _____

17 Mes loisirs préférés . . . . ma voiture _____

18 Une voisine hospitalière . . . . des voisins _____

19 Une amie chaleureuse . . . . des copains _____

20 Un élève communicatif . . . . une personne _____

JEU/DEBAT

Il y a plusieurs personnes dans la nacelle de la montgolfière.

Ce ballon pèse trop lourd; il risque de tomber à la mer; il faut donc qu'on jette un passager.

Mais lequel? On débat pour décider qui sera sacrifié.

Pour organiser votre débat:

1 Chacun prend le rôle d'un personnage connu (réel ou imaginé).

2 Il a quelques minutes pour persuader aux autres de ne pas le jeter, en expliquant pourquoi il est utile aux autres.

3 On a le droit de lui poser des questions.

4 On a le droit de discuter.

5 On vote pour décider qui sera expulsé.

6 Mais le ballon descend toujours; il faut choisir de nouveau ...

7 On continue jusqu'à ce qu'il ne reste qu'une seule personne dans la nacelle.

Cinquante-deux ans de mariage

Une liaison parfaite entre deux personnes — est-ce que cela peut existe? Gérard nous a décrit les qualités de ses grands-parents, couple déjà assez hors du commun pour le bien-être, pour l'harmonie, et pour, comme dit Gérard, ce «bonheur d'être ... qui rayonne autour de tous ceux qu'ils connaissent.»

Ecoutez l'extrait, et ensuite complétez les phrases suivantes pour montrer que vous avez bien compris.

10w

1 Ils me serviront toujours de m_____.

2 J'ai toujours eu beaucoup de plaisir à aller _____ voir et à être avec _____.

3 Mes copains ont été t_____ par leur bien-être.

4 Malgré leurs d_____ ils ont toujours une j_____ de v_____.

5 Ils ont appris une s_____ qui réconforte.

6 Pendant leur séjour en Angleterre ils étaient toujours é_____, toujours i_____.

7 Leurs d_____ sont vraiment mineurs ...

8 Par exemple, mon grand-père est très b_____, mais ce n'est pas gênant!

Qui est-ce qui vous sert de modèle? Ecrivez une dizaine de phrases sur les qualités d'une personne que vous admirez.

16 AU 22 JANVIER 1986

=== HISTOIRE VRAIE ===

C'est moi qu'elle aime!

Par Antoine BOURSEILLER

On commençait à avoir faim. Toute la noce était là, au complet, dans la salle des mariages dont les portes restaient, comme le veut la loi, grandes ouvertes sur l'escalier d'honneur de cette mairie de banlieue. La mariée en tailleur blanc, le marié en costume bleu, attendaient debout, silencieux, tête baissée, l'émotion du moment était lourde à porter. La famille, elle, s'était assise, causant de l'avenir, récapitulant le nombre de couverts retenus pour le déjeuner au meilleur restaurant de cette ville nouvelle à l'est de Paris. Lorsque le maire entra, ceint de son écharpe, on se leva vite. Il y avait de la fierté dans l'air. La mariée regardait le maire comme on regarde la Joconde. Après le petit discours d'usage, les questions rituelles. C'est toujours l'instant des larmes silencieuses aux yeux des mères travailleuses.

D'abord, l'époux. «*Acceptez-vous de prendre pour épouse...*» A la seconde où il répondait oui, qui aurait pu prêter attention à un jeune homme en survêtement blanc, appuyé contre l'embrasure de la porte au fond de la salle? Ensuite, la mariée. «*Acceptez-vous de prendre pour époux...*» Délicatement, vers le maire elle leva la main, Il y eut un silence charmant. Enfin dans un murmure elle répondit: «*Non, non.*» Distinctement. Alors, en gagnant l'allée centrale, le jeune homme en survêtement blanc hurla: «*C'est moi, c'est moi qu'elle aime!*» La mariée remonta l'allée en courant jusqu'à lui, qui la reçut dans ses bras avec un cri de rage. Ils disparurent aussitôt dans l'escalier d'honneur. La noce se mit à trembler, à repousser les chaises. Le maire, tout en caressant machinalement son écharpe, cherchait des mots, cherchait des phrases. Les mères ahuries pleuraient tout leur soûl, et la honte les étouffait à la pensée de devoir décommander le restaurant. Par la fenêtre qui donnait sur la place de la mairie, le marié aperçut le tailleur blanc qui s'engouffrait dans une camionnette d'artisan. Sur les marches de l'escalier d'honneur, c'est lui qui trouva une chaussure blanche de femme. Alors seulement il pleura sa Cendrillon.

A.B.

L'Evénement du jeudi,
daté du 16–22.1.86

Parlez-en!

1 Employez les expressions suivantes pour décrire la succession des émotions différentes à la noce.

se sentir à l'aise/mal à l'aise; relaxe; fier; trahi

être ému; choqué; foudroyé; fou de joie; déçu; interdit; gêné

2 Imaginez que vous étiez là.

Vous connaissez personnellement les gens dont il s'agit.

Vous racontez l'histoire à un(e) ami(e). Comment la famille a-t-elle réagi? Vous essayez aussi d'expliquer le mystère.

Selon vous, qu'est-ce qui va se passer maintenant?

3 Le verbe *être*: à l'imparfait — ou au passé composé?

1 Quand la mariée est entrée dans la salle d'attente, tout le monde _____ parfaitement à l'aise.

2 Il espérait se marier, mais il _____ déçu.

3 Quand Didier était là, nous _____ toujours relaxes.

4 Ils _____ choqués quand ils les ont vus partir ensemble.

5 Oui, je crois qu'elle _____ émue pour la première fois.

GRAMMAIRE

'Si . . .'

Si je vois Stéphane,	je lui dirai tout.
Si je voyais Stéphane,	je lui dirais tout.

Complétez:

A
1 Si tu viens me voir, _____
2 Si j'ai le temps, _____
3 Si vous ne mangez pas, _____
4 Je t'enverrai une carte postale si _____
5 Elle attrapera froid si _____

B
1 Si nous avions cent mille francs, _____
2 Si je possédais un walkman comme ça, _____
3 S'il voulait vraiment nous aider, _____
4 Si vous étiez moins casaniers, _____
5 Elles viendraient tous les jours si _____

Inventez une phrase qui contient le mot *si*, en vous servant des propos donnés.
exemple:

Je/avoir le temps/regarder la télé.

Si j'avais le temps, je regarderais la télé.

1 Tu/être généreux/offrir des cadeaux.
2 Elle/pouvoir dépenser/porter des bijoux.
3 Nous/être pressé/ne pas attendre.
4 Vous/comprendre les risques/avoir peur.
5 Ils/se voir davantage/se connaître mieux.

Test psychologique

Comment réagiriez-vous . . .

1 Si votre meilleur(e) ami(e) prenait votre bicyclette sans demander votre permission?
2 Si le prof vous demandait de lui prêter vingt francs?
3 Si vous gagniez à la Loterie nationale?
4 Si vous receviez une lettre menaçante?

Exercice

On parle de quelqu'un — mais de qui? Dites si la personne dont on parle est un homme ou une femme, ou s'il est impossible de le savoir.

1	élégante et hautaine	**6**	pratique et tenace
2	habile	**7**	doux et fidèle
3	patient et calme	**8**	méticuleux et attentif
4	ambitieux	**9**	matheuse
5	casanière et sérieuse	**10**	sensible et franc

A vous

Formez deux équipes. Choisissez d'autres adjectifs afin que vos camarades de classe décident s'il s'agit d'un homme ou d'une femme.

QUI AIMERIEZ-VOUS RENCONTRER?

Votre tâche

Choisissez un personnage qui vous intéresse; un personnage vivant ou mort, réel ou fictif, de n'importe quelle nationalité.

Ecrivez 250 mots pour expliquer pourquoi vous aimeriez rencontrer cette personne.

Quelques conseils

● Choix de personnage

Choisissez avec soin votre personnage. Evidemment vous devez choisir quelqu'un qui vous intéresse, mais est-ce que vous pourrez trouver assez de renseignements sur cette personne, et ces renseignements sont-ils en anglais ou en français? Votre tâche sera beaucoup plus facile si au moins une partie de ces informations est en français.

● Préparation

1 Lisez les informations que vous avez trouvées; faites des notes sous des titres comme vous l'avez fait pour le texte sur Claudie Deshays.

   par exemple:
   famille   racines   jeunesse   études
   carrière   personnalité   attitudes/opinions

2 Dressez un plan, par paragraphes.

   par exemple:
   sa jeunesse
   sa vie
   sa carrière
   les questions que j'aimerais lui poser

   Evidemment le plan dépendra de la personne et de ce que vous aurez à dire à son sujet, mais il est toujours très important de savoir comment vous allez procéder avant de commencer.

3 Préparation linguistique.

   a Dressez une liste de mots/structures/phrases que vous avez appris dans ce chapitre et qui pourraient vous être utiles ici.

   b Pensez aux différentes façons de commencer les phrases: *en revanche, au contraire, par contre, pour autant, ce qui est certain/important c'est que, ce qui m'a étonné c'est que, ce qui m'intéresse c'est que* (ce sont des exemples — vous pouvez sûrement penser à d'autres).

   c Vous aurez sans doute besoin d'employer le conditionnel. Un peu de révision vous aiderait peut-être.

Le Passif

EMPLOI

- Regardez tous les exemples du passif, imprimés ci-dessous, que vous avez déjà rencontrés dans ce livre.

- Il y a plusieurs façons d'exprimer le sens de ces phrases.

par exemple: un délai était toléré
on tolérait un délai

j'ai été étonnée
cela m'a étonnée
je me suis étonnée

ON DEMARRE

Un délai de cinq jours était toléré
une voiture est garée
nos conseils ont été suivis
des ralentissements ont été signalés

FAITS DIVERS

le malfaiteur était incarcéré quelques jours
les inspecteurs ont été surpris
l'airbus a été livré à la compagnie
des passagers ont été blessés
des passagers ont été aspirés vers le fond de
    l'avion
des pompiers ont été blessés
Paris a été paralysé
46 personnes ont été tuées
12 personnes ont été blessées
le bâtiment a été détruit
un grand incendie a été maîtrisé
l'attentat a été revendiqué tout de suite
un groupe de réfugiés a été recueilli en mer
plusieurs personnes ont été tuées par les pirates
2 otages ont été libérés
des spectateurs ont été frappés
la vieille dame a été réveillée par Thierry
    Lelouche
il a déjà été emprisonné
un frère et une sœur ont été accusés
un avion a été retardé
le poisson a été lâché par un aigle

RENCONTRES

j'ai été émue
nous avons été bouleversés
j'ai été étonnée
ils ont été élevés
il a été encouragé par les adultes

FORMATION

- Le passif se compose d'une partie du verbe *être* suivie d'un participe passé (*mangé, fini, entendu,* etc.)

- Le participe passé s'accorde toujours avec le sujet du verbe, exactement comme si c'était un adjectif.

exemples: le pompier est blessé
le pompier sera blessé
le pompier a été blessé
les pompiers ont été blessés
la femme serait blessée

Exercices

A Remplissez les blancs pour compléter le passif.

1 Dix passagers _____ été _____.
(blesser)

2 Le train ____ été_____. (retarder)

3 Un délai de cinq jours sera _____.
(tolérer)

4 Elle _____ été _____.
(bouleverser)

5 Cinq personnes _____ été _____. (tuer)

6 La ville _____ été _____.
(paralyser)

7 J' _____ été _____. (émouvoir)

8 Les voleurs seront _____. (arrêter)

9 Elle _____ été _____. (emprisonner)

10 La maison ____ été _____. (détruire)

B Complétez les phrases en utilisant un verbe au passif.

1 Après l'accident elle _____.

2 Une heure plus tard les malfaiteurs _____.

3 Demain l'otage _____.

4 Après quatre heures l'incendie _____.

5 Des embouteillages _____.

6 La voiture n'_____.

7 100 personnes _____.

8 Le gagnant _____.

9 Un avion _____.

10 Dans un mois nous _____.

C Réactions.

Complétez ces phrases en choisissant parmi ces verbes:

étonner	*surprendre*	*émouvoir*	*bouleverser*
choquer	*scandaliser*	*secouer*	*stupéfier*
dégoûter	*décevoir*	*fâcher*	*contrarier*

(Essayez de ne pas les utiliser plus d'une fois.)

1 En voyant l'incident j'ai été _____.

2 En tournant le coin nous avons été _____.

3 En voyant la maison en flammes j'ai été _____.

4 Quand elle a revu sa fille elle a été _____.

5 Quand elle arrivera elle sera sans doute _____.

6 En voyant les dégâts elles ont été _____.

7 En lisant la lettre il a été _____.

8 Quand il a appris qu'il n'avait pas gagné il a été _____.

9 Si tu gagnais le prix tu serais _____.

10 En entendant le bruit ils ont été _____.

Nadine: Vivre à l'étranger

Ecoutez maintenant une interview avec Nadine, assistante française en Angleterre (dans les Midlands). Elle parle des difficultés qu'elle a éprouvées au début en s'installant dans un pays étranger, et elle offre des conseils à ceux qui ont l'intention de faire pareil. C'est une interview qu'elle a donnée vers la fin de son séjour, donc après 8 ou 9 mois passés en Angleterre.

Vrai ou faux?

Corrigez les phrases fausses.

Première partie

1 Elle avait éprouvé des difficultés pendant ses séjours chez sa correspondante dans la banlieue de Londres.

2 Elle a eu peur de ne pas savoir s'exprimer au début de son séjour.

3 Après les deux premiers mois, elle n'a plus eu de problèmes.

Deuxième partie

4 Il faudrait deux ans pour s'adapter bien à un pays étranger.

5 Elle conseille de choisir une grande ville dans le Midi.

6 Il faut éviter de faire des erreurs dans la langue étrangère.

Résumé

Complétez ce résumé de la première partie de l'interview.

Au début, tout a été difficile pour Nadine. Elle a trouvé difficile de _____ _____ et elle pense qu'on aurait besoin de _____ pendant les premières semaines.

Ses séjours à Londres auparavant avaient été bien plus faciles, car _____ _____ .

Mais peu à peu, elle a fait des progrès. Elle trouve que cela marche par cycles, c'est-à-dire que _____ _____ .

Résumé

Utilisez les expressions suivantes pour faire votre propre résumé de la deuxième partie.

Un an ou deux?
    Deux ans, ça permet de . . .

Elle conseille de . . .
            de ne pas . . .
(ville pas trop grande — retrouver les mêmes personnes)
(le sud de la France — parce que . . .)

Lorsqu'on fait des erreurs, les gens . . .

Conseils

Notez les expressions suivantes que Nadine a utilisées pour donner des conseils à ceux qui veulent visiter la France:

je conseillerais de . . .
                de ne pas . . .
                d'essayer de . . .

c'est   difficile   de . . .
(il est)   agréable

c'est ce qui permet de . . .

il faut . . .
    (ne faut pas . . .)

Quels conseils donneriez-vous à un jeune Français ou une jeune Française . . . ?

a . . . qui veut se repérer dans votre ville?

b . . . qui ne s'entend pas bien avec la famille chez laquelle il/elle est hébergé(e)?

c . . . qui trouve difficile de s'habituer à l'accent de votre région?

d . . . qui a peur de ne pas être capable de se faire comprendre?

e . . . qui veut perfectionner le plus possible son anglais?

GRAMMAIRE

cela permet **de** s'intégrer   on s'habitue **à**

j'espère passer une deuxième année en Angleterre

Il n'est pas toujours évident de savoir s'il faut mettre *de* ou *à* devant un verbe à l'infinitif — ou rien du tout! Essayez de compléter les phrases suivantes, qui sont tirées de plusieurs des textes que vous avez déjà lus ou entendus dans ce livre.

1 J'ai peur ( ) faire des erreurs.

2 Il est difficile ( ) se repérer dans la ville.

3 Bison futé vous conseille ( ) éviter ( ) partir samedi.

4 Je suis heureux ( ) rentrer à Paris.

5 Qu'est-ce que vous décidez ( ) faire?

6 Elle s'est décidée ( ) quitter Paris pour passer un week-end chez des amis.

7 Des Vietnamiens ont demandé ( ) s'installer en France.

8 Maxime a réussi ( ) sortir la pauvre Linda de l'eau.

9 Une 2CV, je risquerais ( ) me la faire voler.

10 Le cambrioleur s'apprêtait ( ) emporter ses affaires.

11 Les pompiers ont continué ( ) lutter contre l'incendie.

12 Le Cancer déteste ( ) prendre des risques.

13 On commençait ( ) avoir faim.

14 Je passe mon temps ( ) rédiger mes mémoires.

15 Elle a choisi ( ) jouer de la flûte.

Joué-lès-Tours

UNE VINGTAINE D'ADOLESCENTS DE HECHINGEN A JOUÉ: LEUR POINT DE VUE SUR LE JUMELAGE ET L'EUROPE

Une vingtaine d'adolescents de Hechingen séjournent actuellement dans des familles françaises. Echange annuel entrant dans le cadre du jumelage entre nos deux villes.

Nous avons rencontré une partie de ces jeunes (16 à 22 ans) afin qu'ils nous parlent de leurs problèmes, de leurs plaisirs, de leur vie...

Le jumelage tout d'abord. Les jeunes Allemands le ressentent fort bien (il en va de même pour les Français): *«Il permet de mieux nous comprendre, de comparer nos modes de vie.»* Pour ces adolescents, *«il est important que les gens de différents pays se connaissent, car cela permet d'éliminer des préjugés.»* Les contacts personnels sont beaucoup appréciés. Quant à la qualité de l'accueil, ils n'hésitent pas à la qualifier de *«géniale».* Un vocabulaire branché, n'est-ce pas?

Pour Thomas, Alexandra, Heike, Rüdiger, Henrike, le voyage à Joué-lès-Tours a permis de mettre fin à certaines images toutes faites. Exit les stéréotypes du Français, cossard, jouisseur, indiscipliné. Le proverbe que l'on peut traduire par *«le Français vit, l'Allemand travaille»* leur semble bien erroné... même si subsiste à leurs yeux, dans notre pays, un certain art de vivre.

Tous pensent maintenant que le Français travaille beaucoup plus que l'Allemand (exemples des *«magasins ouverts tard le soir et le samedi après-midi»*) et qu'outre-Rhin, le capital loisirs est moins bien géré qu'ici. Le temps libre est *«plus calme»* et les sorties se font

«bien plus tôt le soir». (Un décalage chiffré à 2–3 heures).

Autres découvertes, la longueur des repas (pris plus tard que chez eux), la variété des plats. Pas de surprise par contre au niveau de la conduite des piétons: *«chez nous, on dit:«traverser la route comme un Français»*, et c'est vrai que beaucoup le font n'importe où et n'importe comment.»* Le même manque de discipline est porté au passif des automobilistes.

Le sport «valorisé»

En Allemagne, le système scolaire fonctionne différemment: beaucoup plus d'après-midi libres, moins de travail à domicile, grandes vacances plus courtes... L'école française impressionne les adolescents de Hechingen, qui n'hésitent pas à comparer *«écoles et surveillants français»* à *«prisons et gardiens»,* tant la discipline y est *«plus stricte».* Ce qui ne favorise pas *«l'autoresponsabilité»* qui règne chez nos voisins à ce niveau.

Au rayon des loisirs, peu de différences notables quant aux opportunités. Seul le sport est *«plus valorisé»* en Allemagne, où les associations revêtent beaucoup d'importance. Mais pour le pratiquer, il faut adopter une démarche volontariste (pour Thomas, *«le sport est plus qu'un loisir, c'est un dada»).*

Le travail occasionnel s'ouvre d'assez bonne heure aux jeunes qui peuvent y avoir recours les après-midi en période scolaire et pendant les vacances. Malheureusement, pour tous, l'avenir professionnel n'est pas souriant et *«les*

jeunes se posent les mêmes questions.» A Joué comme à Hechingen.

Fatigués de la politique

Le jeune Allemand pense être *«plus conscient de ce qui se passe autour de lui»* que le Français. Et nos interlocuteurs de citer les mouve-ments écologiste (les *«verts»* forment un véritable parti) et pacifiste, créés par des ados-adultes. Encore qu'ils ne se retrouvent plus guère dans le premier dont *«la cuisine interne»* leur déplaît.

D'ailleurs, ils se disent *«fatigués de la politique»* (un sondage révèle que 30% des jeunes de 18 ans ne vote pas) et préfèrent s'investir dans le mouvement pour la paix, la lutte contre le tout-nucléaire et pour une amélioration de la qualité de la vie (sans être *«verts»* pour autant).

Les résistances françaises à la réalisation d'une voiture propre les chagrinent. *«Il est pourtant urgent de faire quelque chose tout de suite et de le faire en commun. Sinon cela ne sert à rien. Quand on voit les hectares de forêts déjà morts, cela effraie.»*

«Le faire en commun»: Thomas, Alexandra, Heike, Rüdiger et Henrike s'annoncent très européens, ainsi que nombre de jeunes. *«Il faut continuer, même si beaucoup de problèmes persistent»* (haro sur les Anglais, au passage) autour des deux pôles forces que sont l'Allemagne et la France. Pour aboutir *«à la construction des Etats-Unis d'Europe»...*

Tiens, tiens! Une expression déjà entendue à Joué-lès-Tours.

Exercice de compréhension

Lisez le texte vous-même et ensuite, par groupes de deux ou trois personnes, dressez une liste des différences que vous avez remarquées entre les Français et les Allemands.

Utilisez les titres ci-dessous pour vous aider à prendre des notes.

> travail/temps libre
> repas
> automobilistes/piétons
> système scolaire
> sport
> travail occasionnel
> avenir professionnel
> politique

Exercices écrits

A

Lisez d'abord les exemples et puis terminez les phrases.

1 Les jeunes Allemands ont dit: «Il permet de mieux nous comprendre.»
Les jeunes Allemands ont dit qu'il permettait de mieux se comprendre.

2 Ils ont ajouté: «Il est important de nous connaître pour éliminer les préjugés.»
Ils ont ajouté qu'il était important de se connaître pour éliminer les préjugés.

Maintenant à vous de créer d'autres phrases qui donnent les impressions des visiteurs allemands.

Ils pensaient que les Français . . .

Ils croyaient que le temps libre . . .

Ils ont remarqué que les sorties . . .

Ils ont trouvé que . . .

Ils ont constaté que . . .

B

Vous êtes un des étudiants français de Joué qui vient de recevoir un jeune Allemand. Ecrivez une lettre à un(e) ami(e) où vous parlez du jumelage et des impressions de «votre Allemand» sur la France et les Français.

JEU

(*solution page 71*)

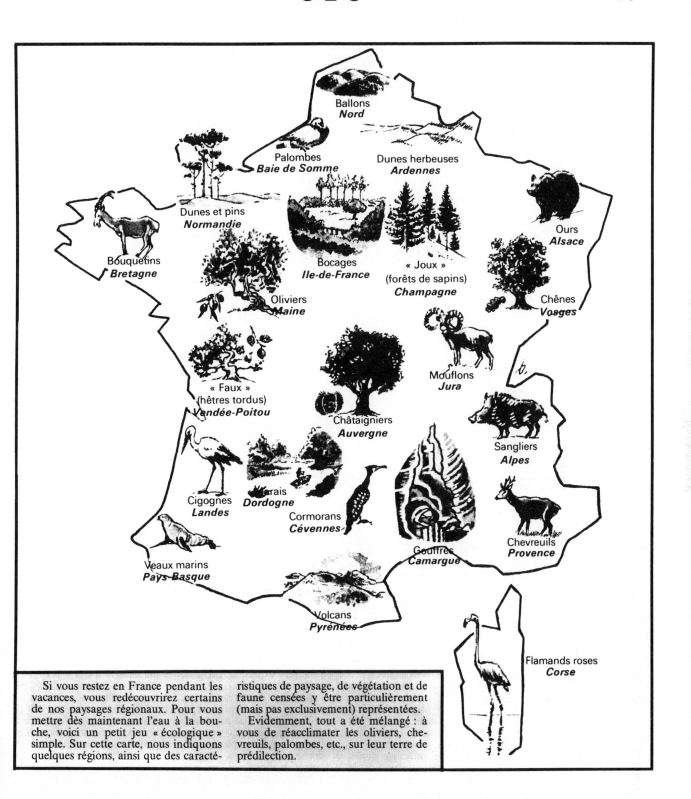

Ballons
Nord

Palombes
Baie de Somme

Dunes herbeuses
Ardennes

Dunes et pins
Normandie

Ours
Alsace

Bouquetins
Bretagne

Bocages
Ile-de-France

« Joux »
(forêts de sapins)
Champagne

Chênes
Vosges

Oliviers
Maine

« Faux »
(hêtres tordus)
Vandée-Poitou

Mouflons
Jura

Châtaigniers
Auvergne

Sangliers
Alpes

Cigognes
Landes

Marais
Dordogne

Cormorans
Cévennes

Gouffres
Camargue

Chevreuils
Provence

Veaux marins
Pays-Basque

Volcans
Pyrénées

Flamands roses
Corse

Si vous restez en France pendant les vacances, vous redécouvrirez certains de nos paysages régionaux. Pour vous mettre dès maintenant l'eau à la bouche, voici un petit jeu « écologique » simple. Sur cette carte, nous indiquons quelques régions, ainsi que des caractéristiques de paysage, de végétation et de faune censées y être particulièrement (mais pas exclusivement) représentées.

Evidemment, tout a été mélangé : à vous de réacclimater les oliviers, chevreuils, palombes, etc., sur leur terre de prédilection.

Simulation: JUMELAGE

Des deux côtés de la Manche, on met la dernière main aux préparations pour le jumelage scolaire entre les villes de Saint Phédrole (Finistère) et Codswold (Suffolk).

Cette année, ce sont les animateurs et animatrices français du jumelage qui ont la tâche de jumeler Français(es) et Britanniques, et pour la plupart des couples le choix du partenaire s'impose facilement. Il ne reste maintenant que cinq Français et — hélas — *quatre* Britanniques pour lesquels le choix du partenaire échangiste est moins évident.

C'est à vous de débattre la distribution de partenaires, et de décider lequel des Français/laquelle des Françaises sera déçu(e).

Chacun des élèves français a écrit tout un paragraphe sur lui-même; mais les lycéens anglais n'ont fourni que quelques mots, ce qui rend la tâche encore plus difficile.

Vous avez ici un document rédigé par le Comité du jumelage. Ce document signale les facteurs dont il faut tenir compte lorsqu'on choisit les partenaires.

EN DISTRIBUANT LES PARTENAIRES, IL EST VIVEMENT CONSEILLE DE TENIR COMPTE DES FACTEURS SUIVANTS:

- Le milieu familial—logement, frères et sœurs
- Le sexe
- Les goûts et les intérêts
- Le tempérament
- La connaissance du pays étranger
- La bonne volonté

Il y a peut-être d'autres considérations qui vous semblent significatives.

Yazid

On a déménagé tout récemment, moi et ma mère, donc on connaît assez peu la région, mais je commence à me faire des amis au lycée. J'adore bricoler, monter des maquettes, etcetera; autrefois j'avais la possibilité de me fabriquer toutes sortes de choses dans le garage, je me suis même fabriqué un canoë, mais maintenant qu'on habite un appartement avec un parking sous-terrain ce n'est plus faisable. Je suis sportif, scout, et je fais partie d'une équipe de foot. On dit de moi que je suis assez débrouillard.

Anne

Je cherche une correspondante qui se passionne pour le cinéma. Je veux être cinéaste, et je vais an cinéma aussi souvent que possible; nous faisons enregistrer tous les beaux films qu'on passe à la télé, donc on a à la maison un tas de films sur vidéo, dont quelques-uns sont anglais ou américains. On m'a offert à Noël une caméra, et je travaille actuellement sur le scénario de mon premier court-métrage! Je préférerais ne pas tomber dans une famille qui a des chiens.

Dominique

J'ai déjà fait plusieurs séjours en Grande Bretagne. Mes parents tiennent à ce que j'apprenne à bien parler une langue étrangère, pour m'aider plus tard; cependant, je ne sais toujours pas ce que je veux faire dans la vie. Quant aux loisirs, je pratique plusieurs sports, et je regarde la télé — plus ou moins tout ce qu'on passe, à l'exception des films documentaires. J'aime assez la musique, sauf le rock. Je suis enfant unique. Je trouve que les «chips» c'est bien, mais autrement je n'aime pas tellement la cuisine britannique.

Antoine

On est six dans ma famille; j'ai un frère et une sœur jumeaux, de quinze ans, et ma grand-mère habite chez nous. J'ai très envie de visiter la Grande Bretagne pour voir (1) les monuments historiques (2) les trains. J'ai entendu dire qu'il y a beaucoup de jeunes Anglais qui s'intéressent aux chemins de fer, ce qui est rare chez nous. Mais moi je suis l'exception, puisque c'est mon dada. Mon père et mon grand-père ont été employés de l'SNCF. Quant à mon tempérament, on dit que j'ai surtout beaucoup d'énergie et que je mène une vie bien organisée. Je sais me débrouiller et je n'aurais pas besoin d'être accompagné partout.

Joëlle

Je veux me perfectionner dans la langue anglaise parce que je compte trouver un emploi dans le tourisme. Ce que j'aime le plus, c'est sortir et m'amuser. Par exemple, des fois, le samedi, moi et mes copines, on sort en groupe manger au restaurant, ou bien on fait des achats ensemble. Pour que l'échange marche bien, il me faudra une famille qui me permette de sortir et qui m'accorde une certaine liberté, pour pouvoir parler avec autant de personnes que possible. J'ai deux frères plus âgés que moi, avec lesquels je m'entends assez bien.

Gary: (une sœur plus jeune que lui)/ membre du club des supporters de Ipswich Town FC/premier séjour à l'étranger/ambition:aucune.

Dawn: dynamique, extrovertie, mais assez sérieuse, se lie facilement avec toutes sortes de personnes/participe à un groupe de théâtre/anime un groupe de bénévoles au lycée consacré à protéger les droits des animaux.

Jonathan: marche à pied, camping, randonnées à vélo/famille très nombreuse – l'échangiste serait obligé de partager une chambre.

Nicola: casanière/aime tout travail manuel: bricolage, couture, jardinage/elle s'avoue timide, mais toutefois son ambition est de voyager.

Exercice écrit

ECRIVEZ DONC!

- Y a-t-il un autre groupe d'étudiants de français avec lesquels vous pourriez vous «jumeler»? Si oui, faites le jeu suivant.

  Chaque élève écrit un paragraphe pour se présenter. Les deux groupes échangent ces documents, et chaque groupe décide comment distribuer les partenaires. Comparez les résultats.

- Ecrivez deux cent mots pour décrire comment s'est déroulé l'échange du point de vue de votre copain, Kev, végétarien, rêveur, francophile, fils unique et assez choyé, qui a été jumelé avec Antoine . . .

LONDON: WELCOME!

Dans la capitale britannique, tout est extraordinaire: les soldats de la garde royale qui défilent devant Buckingham Palace, les boutiques où l'on trouve des «cashmeres» . . . et, bien sûr, les musées. Dernier-né de ceux-ci, le musée Guinness des records. On peut y voir, grandeur nature, la reproduction de ce qui existe de plus surprenant dans le monde. Comme le British Museum et le musée de cire de Mme Tussaud, le musée des Records fait partie des endroits que l'on doit visiter lorsqu'on se rend à Londres.

Kris Loveday, notre guide à Londres le week-end dernier, paraissait bien petite, avec son 1,75 m, au pied de l'homme le plus grand du monde,
5 Robert Pershing Wadlow, 2,72 m, né aux Etats Unis, dans l'Illinois, en février 1918, mort à l'âge de 22 ans. Et Kris semblait frêle, malgré ses 60 kilos, aux côtés de Robert Earl
10 Hughes qui affiche ici, dans le musée Guinness des Records, 485 kilos, mais qui ne saurait prétendre au record mondial, toutes époques confondues, du respectable Jon
15 Minnoch, décédé l'an passé aux Etats-Unis dans l'Etat de Washington alors qu'il pesait 635 kilos.

Le musée Guinness des Records est la toute dernière curiosité que
20 la capitale britannique offre à ses visiteurs. Par des productions grandeur nature, grâce au texte et à l'image à l'aide de l'ordinateur, tout ce qui est apparu de plus
25 extraordinaire sur notre planète est exposé ici, pour 28 francs l'entrée, au Trocadero de Piccadilly Circus tous les jours de l'année (sauf le 25 décembre), de 10 heures du matin
30 à dix heures du soir.

On peut y voir la femme la plus petite du monde (59 cm), la mère la plus prolifique (55 enfants), le plongeur le plus audacieux (saut
35 d'une hauteur de 15 mètres dans une bassine contenant 40 cm d'eau), le plus petit livre du monde, la plus grande plante, le plus gros poisson, le film le plus long, la
40 reconstitution du sauvetage le plus miraculeux, etc.

Le musée Guinness des Records fait désormais partie des circuits touristiques classiques, au même
45 titre que l'exceptionnel British Museum, la Tate gallery, le musée de cire de Mme Tussaud, le marché aux puces de Portobello Road et tant d'autres curiosités,
50 comme le Musée maritime de Greenwich, les docks de Saint-Catherine, le centre Barbican, équivalent de notre centre Pompidou, le musée des supplices,
55 ouvert l'an passé, qui retrace quelques-unes des grandes exécutions capitales à travers les siècles . . . Ou encore le Cabinet War Room, la fameuse salle d'opér-
60 ations stratégiques de Churchill et de son état-major durant la Seconde Guerre mondiale.

Londres est bien le reflet de la mentalité britannique, un con-
65 servatisme forcené qui s'accommode fort bien de toutes les fantaisies. Voir passer, indifférente, devant les gardes indifférents du palais de Buckingham, une jeune
70 fille à moitié nue, le crâne rasé, ne laissant apparaître qu'une touffe de cheveux verts, n'étonne personne.

Mais vous, messieurs, n'entrerez
75 pas sans cravate dans les salons pour hommes d'affaires au vingt-septième étage de l'hôtel Hilton «Park Lane». Les mondes ici s'acceptent mais ne se mélangent
80 pas.

Londres n'est plus pour les Français, depuis longtemps (avec la livre à douze francs et l'inflation), un paradis du «shopping» – les prix
85 sont presque tous équivalents à ceux affichés à Paris – pour les vêtements anglais traditionnels: «cashmere», imperméables, tweed . . . Mais la capitale de l'Angleterre
90 garde en ce domaine un véritable pouvoir d'attraction, à cause de la variété de ses produits et de l'originalité de ses boutiques. Harrod's, le plus grand magasin
95 d'Europe, apparu il y a cent ans, reste une institution. Les tissus et voilages de Liberty's sont introuvables ailleurs. Hamley's, fondé en 1760, est le plus grand magasin de
100 jouets du monde (mais aussi le moins attractif, car le plus confus). Voici également les adresses pour hommes (très, très riches) de Jermyn Street (chemises, costumes,
105 chaussures sur mesure) pour femmes (très, très riches) de Bond Street.

Oui, à Londres, tout demeure et tout change, saison après saison.
110 On voit même apparaître, à côté des restaurants français, italiens, indiens (voir le guide Gault-Millau), une cuisine fort acceptable à base de produits exclusivement
115 anglais (au British Harvest Restaurant, par exemple)!

A quarante minutes de vol de Paris, six heures par le train ou la voiture et le car-ferry, Londres reste pour
120 nous, Français, la destination de week-end la plus enrichissante et la plus agréable.

Yves Nouchi, *France-Soir*

Vocabulaire

défiler	– marcher en colonne
grandeur nature	– selon ses dimensions réelles
afficher	– montrer avec fierté
le plongeur	– du verbe 'plonger'
le sauvetage	– du verbe 'sauver'
au même titre que	– pour la même raison que
le marché aux puces	– marché où l'on vend des objets d'occasion
le supplice	– la torture
l'état-major (m)	– groupe d'officiers qui conseillent un chef militaire
le reflet	– l'image
forcené	– fanatique
sur mesure	– spécialement adapté à la personne

Quelques uns des attraits
touristiques à Londres

Ici Londres, les Anglais parlent aux Français

Il y a quelques années encore, il fallait vraiment aimer les Anglais pour aller passer un week-end à Londres. Le
5 dimanche, il n'y avait guère d'autre distraction offerte au touriste que l'église. Les choses ont changé, bien que les Britanniques tiennent à leurs
10 traditions, quant aux heures d'ouverture par exemple.
Londres a, pour le visiteur, de quoi satisfaire tous les goûts, les plus excentriques comme
15 les plus conformistes. C'est l'une des villes du monde les plus riches en musées, depuis le digne British Museum jusqu'à la galerie des horreurs
20 de Mme Tussaud. A signaler: une importante exposition Vermeer, jusqu'au 18 novembre, à Burlington House, Piccadilly; un musée des vieux
25 bateaux, sur la Tamise, près de la tour de Londres; la salle souterraine où se tenait le haut-commandement pendant la dernière guerre, à Great
30 George Street; une exposition sur les records les plus insolites, organisée par le «Livre des records Guinness», à Piccadilly Circus.
35 Londres garde sa réputation de ville de shopping: Hamleys pour les jouets, Harrods pour les produits de luxe, Liberty's pour l'habillement, Scotch
40 House pour les tweeds. Et puis les grands magasins tels Selfridges ou John Lewis, les boutiques raffinées de Burlington Arcade, les chemises de
45 Jermyn Street, les marchés aux puces de Portobello Road, Camden Passage ou Petticoat Lane.
Le moment est venu de noter
50 que le temps est révolu des bonnes affaires. La vie est chère à Londres, à commencer par les hôtels et les restaurants. Du moins la gastro-
55 nomie y fait-elle de grands progrès. L'Angus beef, les huîtres de Colchester, le saumon d'Ecosse, les whiskies et les portos sont incom-
60 parables. Résistez à la tentation chauvine de manger français. Allez chez «Simpson in the Strand», au «Lockets», au «Scott's» ou au «Walton's». Et
65 ne manquez pas d'aller prendre un vrai thé anglais parmi les charmantes vieilles dames qui pépient au «Ritz» ou à l'hôtel «Hyde Park» pour une centaine
70 de francs.

AVEC LE LORD-MAIRE

Surtout ne négligez pas les promenades aux abords de la ville: Kew Garden, parc aux
75 serres impressionnantes; l'ancienne réserve de Richmond Park, où courent des daims; Dulwich, avec sa «gallery» riche de quatre cents
80 oeuvres des plus grands peintres; le parc de Kenwood, à Hampstead; l'observatoire et le musée maritime de Greenwich.
85 Enfin, le 10 novembre, la procession du lord-maire et, en ce moment, deux spectacles alléchants, «Singing in the Rain» et «West Side Story»,
90 sont des motifs supplémentaires de passer le Channel.

Jean Ferniot, *Le Point*

Vocabulaire

quant à	– en ce qui concerne
la Tamise	– nom français du fleuve qui traverse Londres
l'exposition (f.)	– présentation au public des œuvres d'art, etc.
insolite	– bizarre
chauvin	– qui manifeste un patriotisme étroit
pépier	– (des oiseaux) pousser des petits cris
la serre	– bâtiment construit principalement en verre, dans lequel on cultive les plantes
alléchant	– attirant

1 Repérez dans chaque texte les phrases qui indiquent:

a que Londres offre beaucoup de variété aux touristes

b que le visiteur aura besoin d'un portefeuille bien rempli

c que même la nourriture anglaise est devenue acceptable.

Repérez aussi des phrases qui indiquent qu'il y a eu des changements pendant les dernières années mais que les vieilles habitudes survivent toujours.

2 Qu'est-ce qu'on peut voir au musée Guinness des records?

exemples:
l'homme le plus grand du monde
le plus gros poisson du monde

A VOUS

a La femme _____

b La mère _____

c Le plongeur _____

d Le film _____ ⎞
                                   ⎟ du monde.
e La _____ plante ⎟

f Le _____ livre   ⎠

g Les records _____

3 'Où l'on' et 'que l'on'

GRAMMAIRE

Comparez:
   les boutiques où on trouve des
   «cashmeres»
   Les boutiques où l'on trouve des
   «cashmeres»

Il n'y a aucune différence entre le sens des deux phrases, mais la deuxième est plus facile à dire.

De même, | que l'on | s'emploie quand on écrit dans un style plus formel et élégant.

exemple:
   les boutiques — on y trouve des
   «cashmeres»
   des boutiques **où l'on** trouve des
   «cashmeres»

   les endroits — on doit les visiter
   des endroits **que l'on** doit visiter

A VOUS

a Les expositions — on doit les voir.

b Les curiosités — on les offre aux visiteurs.

c Les restaurants — on peut y manger fort bien.

d Les tissus — on ne peut pas les trouver ailleurs.

e La réserve de Richmond — on y voit des daims.

4 Voici les réponses: quelles seraient les questions?

London: Welcome!

a 2,72 m. (l.5)

b 60 kilos (l.8)

c 28 francs (l.26)

d tous les jours sauf le 25 décembre (l.28)

e l'an passé (l.55)

f 12 francs (l.83)

g 40 minutes (l.117)

Ici Londres

a jusqu'au 18 novembre (l.22)

b près de la tour de Londres (l.25–6)

c le 10 novembre (l.85)

d *Singing in the Rain* et *West Side Story* (l.88–9)

5 A deux: travail oral

A Donnez des conseils à un Français/une Française qui a l'intention de visiter Londres. Utilisez, par exemple, les expressions suivantes:

   Allez voir . . .
   Prenez le temps de . . .
   Ne manquez pas de . . .

   Si vous vous intéressez à . . ., il vous faudra . . .

B Jouez le rôle du touriste français qui pose d'autres questions à son guide anglais.

APPRENEZ LE FRANÇAIS ET DECOUVREZ LA FRANCE ET L'EUROPE

Université d'Eté 1988 BOULOGNE-SUR-MER
Sessions de 2 et 3 semaines tous niveaux et spécialisés

UNIVERSITE D'ETE

A BOULOGNE-SUR-MER, UNE UNIVERSITE D'ETE FRANÇAISE POUR BIEN APPRENDRE LE FRANÇAIS !

Profitez de l'été —— pour apprendre et perfectionner la langue française avec les professeurs et enseignants français de l'UNIVERSITE DE LILLE III, dans le cadre typique et riche de BOULOGNE-SUR-MER, grand port de pêche et ville balnéaire réputée.

2 SESSIONS GENERALES
*11 au 30 juillet
1er au 20 août*

4 programmes au choix,
du niveau "débutant", au cours supérieur.
Une approche pédagogique active : cours classiques, cours à thématiques sociales et culturelles, laboratoire de langue, techniques audio-visuelles et informatiques, cours de conversation etc... encadré par le corps professoral d'une des plus grandes université françaises.
Des horaires mi-temps (tous les matins, 6 jours sur 7), vous laissent le loisir de découvrir le mode de vie français.

1 SESSION SPECIALISEE
du 8 au 20 août

Option 1 : session de perfectionnement réservée aux professeurs de Français à l'étranger : didactique du français langue étrangère (FLE).
Option 2 : cours intensif de français commercial et administratif (FCA), apprentissage du français "pratique" et initiation à la vie économique française (cours plein temps).

3 FORMULES DE SEJOUR

L'université d'été de BOULOGNE-SUR-MER vous propose au choix :
* formule UNIVERSITE : vous résidez à l'université même et profitez des équipements et de l'ambiance du campus, repas et cours compris.
* formule FAMILLE 1 : vous résidez dans une famille française, mais vous prenez vos trois repas à l'université.
* formule FAMILLE 2 : vous résidez et prenez vos trois repas dans une famille française.
La formule UNIVERSITE est plus économique. Pour les formules Famille, vous devrez directement régler à votre famille d'accueil les prestations qu'elle vous assure.

A BOULOGNE-SUR-MER, DECOUVREZ LA VIE FRANÇAISE ET L'EUROPE !

1er port de pêche français, Boulogne-sur-Mer est une grande cité d'art et d'histoire représentative de la culture française. La haute ville fortifiée, le célèbre port, son festival culturel de l'été, ses nombreux musées, sa région vallonnée riche de châteaux, sont "à découvrir" !

Boulogne-sur-Mer est aussi une cité balnéaire où il vous sera possible de vous initier à la pratique des sports nautiques (voile, windsurfing, aviron) et des sports d'été (tennis ; équitation, golf et char à voile à proximité...).

Mais, Boulogne-sur-Mer est surtout "Au carrefour de l'Europe !" à 20 minutes de l'Angleterre, 2 à 3 heures des grandes capitales PARIS, BRUXELLES, LONDRES. Il vous sera aisé de vous rendre, pour la journée ou un week-end, dans chacune de ces villes, si représentatives du "vieux continent".

RENSEIGNEMENTS COMPLEMENTAIRES

FORMALITES D'INSCRIPTION
(pour étudiants âgés de 16 ans minimum)

Retournez le bon de réservation ci-après dûment rempli avec 4 photos d'identité (format passeport) + 1 coupon-réponse international oblitéré + 350 F (frais d'inscription, payables **exclusivement** au : **Compte courant Postal** - Université d'été 48702 IR LILLE - cette somme n'est en aucun cas remboursable)

Compréhension du texte/Travail oral

DEMANDES DE RENSEIGNEMENTS

Il y a beaucoup de personnes qui ne savent pas lire attentivement ce dépliant!
Les secrétaires de l'Université d'Eté passent beaucoup de temps à répondre aux demandes de renseignements.

Votre tâche **individuelle** est:

- de préparer une série de questions précises sur l'Université d'Eté, posées par plusieurs personnes.

  par exemple:
  «Mon frère est débutant; est-ce que vous offrez un programme à son niveau?»
  «Qu'est-ce qu'on fait en classe, exactement?»
  «Comment est-on hébergé?»

Votre travail **en groupe**:

- Divisez la classe en deux.
- Une moitié de la classe jouera le rôle des secrétaires qui resteront assis(es), et répondront aux demandes de renseignements.
- Les élèves de l'autre moitié de la classe vont poser chacun(e) une question différente à chaque secrétaire, en circulant dans la salle.
- Les deux groupes changeront de rôle après dix minutes.

Attention! Il faut que les secrétaires restent poli(e)s et calmes; ils/elles doivent éviter les réponses brusques, «oui» ou «non», et donner autant de renseignements que possible.

- A la fin du jeu, la classe va décider quel(le)s ont été les meilleur(e)s secrétaires. A considérer: compréhension, amabilité, politesse, patience, connaissances . . .

Solution du jeu de la page 63.	
Dunes herbeuses	*Nord*
Veaux marins	*Baie de Somme*
Bocages	*Normandie*
Cormorans	*Bretagne*
Chevreuils	*Ile-de-France*
Marais	*Vendée-Poitou*
Chênes	*Maine*
« Faux » (hêtres tordus)	*Champagne*
Cigognes	*Alsace*
Ballons	*Vosges*
« Joux » (forêts de sapins)	*Jura*
Volcans	*Auvergne*
Dunes et pins	*Landes*
Châtaigniers	*Cévennes*
Bouquetins	*Alpes*
Gouffres	*Dordogne*
Palombes	*Pays-Basque*
Oliviers	*Provence*
Ours	*Pyrénées*
Flamands roses	*Camargue*
Mouflons	*Corse*
Sangliers	*Ardennes*

Les Vacances à Cannes Quel Festival!

Cet été, pas de vague à l'âme, Cannes met le cap sur les vacances toniques.

La plage vous attire, la piscine vous tente, le soleil vous caresse, c'est Cannes, capitale des vacances.

Quelques sets de tennis, un parcours de golf, une régate en mer, c'est Cannes, le paradis des sportifs.

Un orchestre de chambre, un souper aux chandelles, un concert de jazz, un feu d'artifice, une soirée au casino, c'est Cannes, la reine de la nuit.

— Jumping international du 26 au 29 mai, Festival américain du 3 au 28 juillet, Nuits musicales du Suquet du 8 au 19 juillet et de nombreux événements de mai à septembre —

Des hôtels et restaurants offrent des conditions exceptionnelles à l'occasion des fêtes du centenaire de la Côte d'Azur. Exemple : une semaine en hôtel 3 étoiles à partir de 1600 F par personne avec matelas sur la plage de l'hôtel.

Les vacances à Cannes, quel festival !

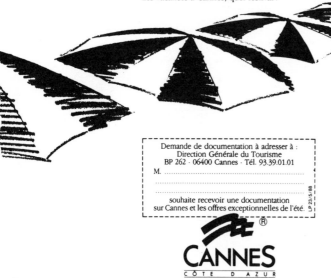

Demande de documentation à adresser à :
Direction Générale du Tourisme
BP 262 · 06400 Cannes · Tél. 93.39.01.01
M. ....
....
....
souhaite recevoir une documentation
sur Cannes et les offres exceptionnelles de l'été.

LP 23/5/88

CANNES
CÔTE D'AZUR

Direction Générale du Tourisme de Cannes · Tél. 93.39.24.53

A *discuter* en classe

- les attraits offerts par la ville de Cannes

- le genre de touriste qui aimerait passer ses vacances à Cannes.

A *préparer* (travail individuel ou de groupe)

- Choisissez une ville ou une région de la France qui attire les touristes.

- Imaginez que vous êtes responsable du tourisme dans cette ville/région et que vous avez à parler à un groupe de personnes pour les persuader de venir y passer les vacances. (Vous présenterez ensuite votre discours illustré aux autres membres de la classe.)

- Vous pourrez écrire soit au Syndicat d'Initiative en France soit au Bureau de Tourisme à Londres pour demander des informations. Egalement vous pourriez chercher dans votre bibliothèque.

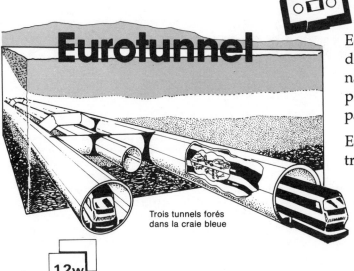

Eurotunnel

Trois tunnels forés
dans la craie bleue

A

12w

«À partir d'a_____, nos deux pays v_____
et amis vont avoir un nouveau lien, et je
v_____ que vous sachiez, et vous
s_____, Mme le P_____ M_____,
que la France se réjouit de c_____ nouvelle
occasion dans un m_____ qui n'est pas si
facile, de marquer que lorsqu'on a la v_____,
on peut toujours r_____ à réunir, à rassembler,
à r_____ des peuples que l'histoire et que
tout r_____.»

B

«Je crois fermement que ce grand projet que
nous avons c_____ aujourd'hui sera jugé
p_____. P_____, parce que c'est un
ouvrage digne de notre é_____, et des
aspirations des p_____ de nos deux
p_____. Avant tout c'est un défi: espérons
que nos o_____, nos e_____, nos
n_____ se lèveront à sa hauteur.»

Vocabulaire

le tunnel ferroviaire	le coût
la navette	se dérouler
le TGV	la rame
creuser	se dégourdir les jambes
être à l'abri	baisser
le naufrage	

Ecoutez ce bulletin jusqu'aux discours des
deux politiciens. Est-ce que vous recon-
naissez les deux voix? Qui sont ces
personnes? Et de quel «grand projet»
parlent-ils?

Essayez ensuite de compléter cette
transcription des deux discours.

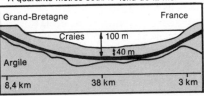

LA MANCHE EN 35 MINUTES
A quarante mètres sous le fond de la mer

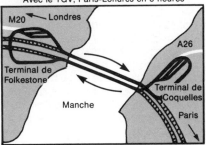

Avec le TGV, Paris-Londres en 3 heures

Etudiez les questions suivantes — est-ce que vous
pouvez répondre à certaines avant même d'écouter
la deuxième partie du bulletin?

1 Quelles sont les villes que reliera la liaison
   fixe?

2 Comment les navettes seront-elles?

3 A quoi le troisième tunnel servira-t-il?

4 Quel sera le temps de parcours entre Paris et
   Londres?

5 Pourquoi est-ce qu'on dit que le tunnel sera à
   l'abri des tempêtes, des naufrages et des
   bombes?

6 Combien le projet coûtera-t-il?

7 Combien de temps faut-il pour la construction?

8 A quelle vitesse les navettes rouleront-elles?

9 Les Anglais vont-ils désormais rouler à droite?

10 Le prix du passage sera-t-il plus cher ou moins
   cher qu'avant la construction du tunnel?

Ecoutez ensuite la deuxième partie du bulletin
pour pouvoir répondre en détail aux questions.

AU PAYS DES MERVEILLES EUROPEENNES

... un territoire idéal qui réunirait ce qu'il y a de meilleur dans chaque pays de la Communauté ...

Il faisait déjà chaud quand je débarquai à neuf heures à la gare d'Euroland: 18°C (température annuelle moyenne d'Athènes, la ville la plus chaude d'Europe). J'avais déjà assez d'écus en poche (l'E.C.U., créé en 1979, composé d'un «panier» de dix monnaies européennes est égal à environ 6 FF) pour m'offrir une glace italienne et prendre un taxi portugais. Carrosserie noire et verte: aussi élégant qu'un *cab of London* mais deux fois moins cher. Je le hélai toutefois en *English*: c'est la langue d'Euroland (36% des Européens parlent anglais, 27% français et 25% allemand).

Mario, mon chauffeur, 20 ans, avait quitté l'Espagne l'année dernière: «Avec 47% de jeunes au chômage, c'est plutôt difficile d'y faire son trou. Au Luxembourg, ils ne sont que 5% sans emploi. Mais les logements atteignent des prix rédhibitoires.» Je lui demandai où trouver un studio bon marché. «A Bruxelles, sans aucun doute! J'y habite un 30 m² avec vue sur jardin pour 180 écus par mois! Si tu n'as rien contre la vie communautaire, va aux Pays-Bas. Toutes les villes possèdent une maison d'étudiants, gérée et louée par et pour eux.»

... Sur ses cartes postales en papier recyclé ma tante — qui vit dans une réserve écologique en Allemagne — me décrit avec enthousiasme les espaces verts qui ceinturent chaque grande ville allemande. L'industrie y est généreuse: 10% de ses investissements sont versés à la défense de l'environnement. Mais la France reste le pays le plus boisé d'Europe (14,7 millions d'ha, soit un quart de sa superficie totale). Même si, par rapport à la superficie, la Grèce est encore plus feuillue: la forêt s'étend sur 43,6% de son territoire ...

J'avais demandé à Mario de me laisser dans le centre. Au fond, le Parthénon, éblouissant de blancheur. La Grand-Place entourée de palais. A l'instar de Bruxelles, les boîtes de jazz s'étaient installées dans les sous-sols! Pas un papier ne traînait, comme à Copenhague. Aux terrasses des bistrots, on grignotait des croissants. En fermant les yeux, je me serais cru à Paris si le garçon de café n'avait pas fait preuve d'une amabilité toute italienne. J'aurais bien commandé du champagne, mais l'alcool est interdit aux mineurs. «*Prends un Coca ou fais-toi émanciper par tes parents*, m'a conseillé le barman. *En Belgique on peut devenir responsable de ses actes dès 15 ans.*»

Elisabeth Barillé, *20 ans*, N° 24, août 1988

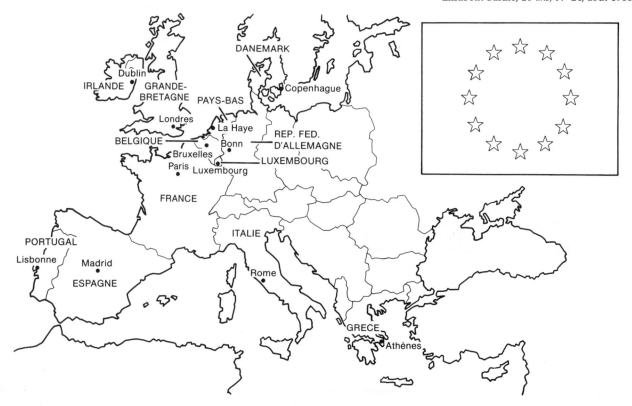

Travail oral en groupe

IMAGINEZ...

Quel serait votre territoire idéal, à vous?

Vous trouverez ci-dessous une liste de 10 qualités. Mettez-les dans l'ordre de priorité — et justifiez votre décision!

Pour moi, l'essentiel, c'est de ...

> trouver les meilleures glaces
>
> avoir un climat doux
>
> pouvoir parler sa langue maternelle
>
> avoir un taux de chômage peu élevé
>
> trouver un logement bon marché
>
> savoir que le gouvernement protège
>   l'environnement
>
> habiter une ville propre
>
> être entouré(e) de beaux bâtiments
>
> vivre parmi des gens aimables
>
> assumer libertés et responsabilités

Y a-t-il d'autres facteurs qui vous semblent importants? Discutez-en ensuite, et décrivez votre pays idéal.

---

il faut/il faudrait

je préférerais

l'essentiel, c'est de

ce qui compte, c'est de } + verbe à l'infinitif

il est plus important de

il est moins important de

    ... que de

Le saviez-vous ...

Les Français sont les Européens les plus bosseurs: dans l'enseignement supérieur, ils passent plus de vingt heures par semaine à bûcher.

En Angleterre, les étudiants consacrent six fois plus d'heures au sport qu'en France.

Pour 63% des Hollandais, les relations enfants-parents sont vraisemblablement excellentes.

Avec 352 habitants au km^2, la population néerlandaise est la plus dense de la CEE. En Irlande, on ne compte que 51 habitants au km^2.

Les jeunes Grecs sont les plus politisés de la CEE (30% d'entre eux suivent de près la vie de leur pays); alors qu'en Belgique seulement 8% des jeunes s'intéressent aux affaires publiques.

18% des jeunes Italiens se déclarent sensibles au destin des pays sous-développés.

En Italie, on peut travailler dès 14 ans, l'âge légal de la fin des études.

L'Etudiant étranger

Alors que l'apprentissage des langues étrangères et la mobilité s'affichent comme des priorités dans les lycées, voici un passeport formidable pour un monde sans frontières. Et il ne date pas d'aujourd'hui. Lancée par des ambulanciers américains en 14–18, cette association est la seule à proposer aux jeunes lycéens la possibilité de vivre trois mois ou un an dans une famille étrangère, tout en poursuivant leur scolarité comme des enfants du pays. Cela dans soixante pays et avec des retombées sur le plan personnel qui, selon les «anciens», valent cent fois une année d'études peut-être perdue.

C'est le moment de s'inscrire pour l'an prochain. La sélection se fait surtout en fonction de critères individuels, autonomie et ouverture d'esprit, lesquels sont appréciés au cours d'entretiens avec les responsables. Pour trois mois: à partir de 14 ans. Pour un an: à partir de 15 ans. Environ 10 000 F dans le premier cas, 25 000 dans l'autre, voyage, frais de scolarité, assurances, suivi sur place par un correspondant de l'association, le séjour lui-même étant complètement assumé par la famille bénévole.   C.D.
AFS Vivre sans frontières, 46, rue du Commandant-Duhail, 93120 Fontenay-sous-Bois. 43.94.11.88.

Le Point, 16.10.88

Après avoir lu cet article, vous vous êtes décidé à vous inscrire à cette association parce que vous aimeriez passer un an dans un pays francophone en terminant le lycée.

On vous a demandé d'assister à «l'entretien avec les responsables» mentionné dans le texte.

Préparez-vous! Regardez bien d'abord les «critères de sélection», et essayez d'imaginer les questions que l'on va vous poser.

par exemple:

- Avez-vous déjà visité la France?
- Qu'est-ce que vous espérez tirer de cette année?
- Pourquoi voulez-vous vivre dans une famille?
- Préférez-vous aller en France ou dans un autre pays francophone?
- Quels problèmes prévoyez-vous?
- Avez-vous déjà passé du temps loin de votre famille?

... et beaucoup d'autres ...

Concours: jeunes étrangers

VOUS VOULEZ PROFITER D'UN SEJOUR EN FRANCE POUR PERFECTIONNER VOTRE FRANÇAIS?

N'HESITEZ PAS – PARTICIPEZ DES AUJOURD'HUI A NOTRE GRAND CONCOURS

LES PRIX:

Cinq bourses de 2000f que les gagnants peuvent employer à leur fantaisie, pourvu que ce soit pour faire un séjour en France. Ce séjour aurait le but d'approfondir la connaissance de la langue et de la vie des Français.

LA TÂCHE:

Très simple! Ecrivez environ 250 mots, en français bien sûr, pour nous expliquer comment vous dépenseriez cet argent. Ne manquez pas de justifier vos projets.

LE CONCOURS EST OUVERT:

A tous les étudiants non-français, lecteurs de notre magazine, qui ont déjà étudié le français et qui veulent améliorer leur compétence linguistique.

Exercice écrit

PARTICIPEZ AU CONCOURS

Préparation

1 Avant de vous décider, dressez une liste de toutes les possibilités; vous voyez ici quelques suggestions. Relisez aussi les expériences des jeunes que vous avez rencontrés dans ces dernières pages.

échange   stage linguistique   séjour en famille
vacances avec des jeunes   emploi

2 D'autres questions que vous devez vous poser: transport, logement, durée de séjour.

3 Langue: révisez le vocabulaire et les structures de ce chapitre et notez ce qui pourrait vous être utile.

4 Il y aura beaucoup de concurrents. Si vous voulez gagner une bourse il faut penser à attirer l'attention des juges. Essayez donc d'employer un style personnel et évitez les idées reçues!

Vocabulaire

mettre au point	to perfect
une entreprise	a company
le domaine	area
tenir compte de	to take notice of
le bricolage	D.I.Y.
l'ébénisterie	cabinet making
un garde forestier	forest ranger
jouer aux échecs	to play chess
la recherche	research
le grossiste	wholesaler
la gestion	management

5ème Unité

A chacun
son métier

1 Faites ce test vous-même.

Test: à chacun son métier

Pour vous aider à choisir le métier pour lequel vous avez des dispositions, le cabinet américain Strong-Campbell a mis au point un test fréquemment utilisé aux Etats-Unis par les psychologues d'entreprise. Composé de 325 propositions, il est ici réduit à 30 items et permet de mesurer les centres d'intérêt (non les compétences).

Mode d'emploi

Choisissez dans la liste ci-dessous les domaines d'activité, les sujets ou les catégories de personnes qui vous intéressent. Ne tenez pas compte de vos compétences mais de vos seuls goûts.

1   l'agriculture
2   les revues de bricolage
3   l'ébénisterie
4   la mécanique
5   garde forestier
6   le calcul (mathématiques)
7   la chimie
8   l'étude de la nature
9   jouer aux échecs
10 la recherche
11 le théâtre
12 les musées
13 la poésie
14 les revues sur l'art et la musique
15 les musiciens de génie
16 la sociologie
17 assister à la messe
18 être chef scout
19 donner aux œuvres de charité
20 les bébés
21 parler avec un étranger
22 le swapping (technique financière)
23 grossiste
24 les gens agressifs
25 les leaders
26 l'économie
27 les études statistiques
28 les 39 heures—pas plus!
29 la gestion
30 les gens pour qui un sou est un sou

Le Point, 30.11.86

Diagnostic

Il est basé sur l'appartenance à six familles psychologiques. Bien sûr, vos réponses peuvent relever de plusieurs de ces familles. Il faudra «mixer» les interprétations. Exemple: un conformiste (6) ayant le goût de l'investigation (2) pourra devenir analyste-programmeur.

1   Vous avez coché les cases 1 à 5: vous êtes un pragmatique. Vous préférez l'action à la spéculation intellectuelle. La nature, la mécanique, la construction et la réparation: voilà vos centres d'intérêt. Vous serez peut-être charpentier, cartographe ou agriculteur.

2   Ceux qui ont choisi les cases 6 à 10 sont en revanche tournés vers les tâches «d'investigation». Ils sont attirés par les activités scientifiques, la recherche, l'analyse des informations et la réflexion théorique. Ils tiennent, par-dessus tout, à l'indépendance dans le travail. Ce sont de futurs biologistes, géographes ou mathématiciens.

3   Les cases 11 à 15: les centres d'intérêt artistiques dominent largement. Si vous avez fait ces choix, c'est parce que vous ressentez le besoin de vous exprimer et que vous êtes sensibles à la dimension esthétique. Vous pourriez devenir directeur de musée, écrivain, journaliste, bibliothécaire ou photographe.

4   Les cases 16 à 20 dénotent une attirance pour les activités «sociales», qu'il s'agisse du travail en équipe, du partage des responsabilités ou de la recherche collective des solutions aux différents problèmes qui surviennent. Carrières possibles: instituteur, puéricultrice, directeur de centre aéré.

5   Si vous avez coché les cases 21 à 25, c'est que vous êtes un entrepreneur dans l'âme. Vous êtes peut-être fait pour diriger une société, organiser un staff, gagner des parts de marché, prendre des risques financiers et économiques. Votre avenir? Agent d'assurance sur la vie, directeur du personnel, propriétaire d'un restaurant. Mais aussi homme politique ou . . . esthéticienne.

6   Les conformistes auront sélectionné les cases 26 à 30. Ils sont attirés par les grandes organisations et ont plus vocation à exécuter qu'à décider. La précision, voire la méticulosité dans le travail, ne les rebute pas. Ils seront peut-être un jour comptables, chirurgiens-dentistes, correcteurs d'épreuves, secrétaires ou statisticiens.

2 Donnez votre réponse à quelqu'un d'autre dans la classe et prenez la sienne. Essayez d'interpréter sa réponse, d'après le diagnostic, et écrivez quelques phrases pour lui expliquer le genre de métier qui devrait lui convenir. Ensuite vous pourrez les lire en classe et les discuter ensemble. Est-ce que vos idées diffèrent beaucoup de celles qu'on vous a attribuées.

Vocabulaire

cocher	to tick
en revanche	on the other hand
une tâche	task/job
tenir à	to insist on
s'exprimer	to express oneself
le partage	sharing
une carrière	career
un instituteur	primary school teacher
une puéricultrice	paediatric nurse/ childcare nurse
un centre aéré	leisure centre
un comptable	accountant
rebuter	put off

Sondage à faire en classe

Répondez individuellement:

1 Quels sont les trois métiers qui ont le plus de prestige en Grande Bretagne en ce moment?

2 Quels sont les trois qui rapportent le plus d'argent?

3 Quels sont les trois qui ont le plus d'avenir?

Composez ensemble au tableau les résultats de votre sondage et ensuite comparez-les avec les résultats français imprimés au verso. Il faudrait poser la quatrième question à vos parents!

SONDAGE INFOMÉTRIE/*LE POINT* – SONDAGE INFOMÉTRIE/LE POI

Quels sont en 1986, dans l'ordre, les professions ou métiers qui ont...

Les dix professions qui ont le plus de prestige

1	médecin	49%
2	informaticien	24%
3	avocat	15%
4	professeur	13%
5	chirurgien	12%
6	ingénieur	12%
7	chercheur	12%
8	notaire	6%
9	fonctionnaire	6%
10	dentiste	4%

Les dix professions qui rapportent le plus d'argent

1	médecin	39%
2	PDG	26%
3	avocat	18%
4	notaire	17%
5	chirurgien	15%
6	ingénieur	14%
7	ministre	12%
8	dentiste	11%
9	banquier	10%
10	pharmacien	10%

Les dix professions qui ont le plus d'avenir

1	informaticien	58%
2	médecin	34%
3	électronicien	23%
4	chercheur	12%
5	commerçant	12%
6	ingénieur	11%
7	fonctionnaire	8%
8	professeur	7%
9	artisan	6%
10	boulanger	5%

Si vous aviez aujourd'hui un enfant et si vous pouviez choisir sa profession, qu'est-ce que vous voudriez qu'il fasse?

1	informaticien	12%
2	médecin	11%
3	fonctionnaire	7%
4	ingénieur	7%
5	professeur	6%
6	électronicien	5%
7	instituteur	3%
8	avocat	2%
9	vétérinaire	2%
10	agriculteur	2%

Pour certains métiers, il faut avoir des diplômes. Mais Thierry n'aime pas ses études ... alors son prof de lettres commence à s'inquiéter:

Il ne travaille pas bien.

Il n'exprime pas nettement ses idées.

Il ne répond jamais en classe.

Il ne suit pas les cours.

Il ne prend pas de notes en classe.

Il n'écrit pas assez dans ses rédactions.

Il ne dit jamais rien.

Il ne vient jamais me consulter quand il a des difficultés.

Est-ce qu'il va réussir à son bac?

Est-ce qu'il aura ses diplômes?

Que dit son prof?

Je veux qu'il travaille mieux.

Je veux qu'il exprime nettement ses idées.

Je veux qu'il réponde en classe.

Je veux qu'il suive les cours.

Je veux qu'il prenne des notes en classe.

Je veux qu'il écrive davantage dans ses rédactions.

Je veux qu'il le dise, s'il a des difficultés!

Je veux qu'il vienne me consulter!

Il faut qu'il réussisse à son bac.

Il faut qu'il ait ses diplômes!

Le Subjonctif

Vous aurez remarqué que la forme du verbe change dans les propositions qui commencent *je veux que*. Ce deuxième verbe est au *subjonctif*.

Etudiez ces exemples:

Je veux que *Thierry* prenne des notes.

Ils veulent que *je* devienne avocat.

Elle veut que *tu* apprennes l'anglais.

Il veut que *nous* suivions les cours.

Nous voulons que *vous* cherchiez un emploi.

Vous voulez qu' *ils* écrivent davantage.

Formation

Pour former le subjonctif, il faut trouver la forme de la troisième personne au pluriel (= *ils*) du temps présent.

Supprimez la terminaison *-ent*, pour ajouter à cette racine les terminaisons suivantes:

e	ions
es	iez
e	ent

ils donn**ent**	→	tu veux que je donn**e**
ils part**ent**	→	tu veux que je part**e**
elles écriv**ent**	→	tu veux que j'écriv**e**
ils apprenn**ent**	→	tu veux que j'apprenn**e**
elles répond**ent**	→	tu veux que je répond**e**

Notez aussi ces formes irrégulières qui sont souvent employées:

être: je sois, tu sois, il soit, nous soyons, vous soyez, ils soient

aller: j'aille, tu ailles, il aille, nous allions, vous alliez, ils aillent

avoir: j'aie, tu aies, il ait, nous ayons, vous ayez, ils aient

faire: je fasse, tu fasses, il fasse, nous fassions, vous fassiez, ils fassent

savoir: je sache, tu saches, il sache, nous sachions, vous sachiez, ils sachent

Exercice

Posez les questions suivantes à vos camarades de classe.

1 Si vous aviez aujourd'hui un enfant et si vous pouviez choisir sa profession, qu'est-ce que vous voudriez qu'il fasse?

exemples:

je voudrais	qu'il soit	fonctionnaire
		menuisier
qu'il devienne	comptable	
	ingénieur, etc.	
	qu'il choisisse un métier à son goût	
	qu'il prenne cette décision lui-même	
	que ce soit lui qui décide	

2 Et vos parents: que veulent-ils que vous fassiez?

exemples:

Ils veulent	que je sois	mécanicien
		instituteur
ma mère veut	que je devienne	informaticien
mon père		policier, etc.
	que je choisisse	un métier à mon goût
	que je prenne	cette décision moi-même
	que ce soit	moi qui décide

Regardez cette liste de priorités. **Que voulez-vous faire/avoir?** **Que veut-on que vous fassiez?**

avoir le plus de prestige   rapporter le plus d'argent   avoir le plus d'avenir

choisir un métier à mon goût   avoir l'indépendance dans mon travail   pouvoir m'exprimer

travailler en équipe   prendre des décisions

Bertrand: les petits boulots

Lorsqu'on cherche un job d'appoint, il faut souvent se méfier. Il existe sans doute toutes sortes de pièges où l'on risque de se faire exploiter. Quand il était étudiant, Bertrand a répondu à la petite annonce suivante:

> ## PRESIDENT DIRECTEUR GENERAL D'UNE GRANDE SOCIETE DE PARFUM DEMANDE CHAUFFEUR

Bertrand s'est présenté; mais ce petit boulot entraînait en réalité bien plus qu'il n'avait attendu ...

NB: le SMIG: le salaire minimum interprofessionnel garanti

A Après avoir écouté une fois l'anecdote, choisissez la phrase qui convient le mieux dans chacun des groupes suivants.

  a Bertrand était: un conducteur expérimenté
     déjà chauffeur de taxi
     jeune conducteur.

  b Ce PDG était un homme: divorcé
     qui s'entendait mal avec sa femme
     qui s'entendait bien avec sa femme.

  c Il avait peur de se faire: insulter
     tromper par sa femme
     attaquer.

  d Bertrand: était très mal rémunéré pour son travail
     était très bien payé du moins
     recevait un salaire honnête.

Dans chaque cas, donnez des raisons pour votre choix selon ce que raconte Bertrand.

B «Qu'est-ce qu'il était exigeant, ce chef! Il voulait que je fasse tout!» Complétez cette version de ce que dit Bertrand.

13w

«Bon, ben le PDG pour qui je viens de travailler, il voulait que je (*conduire/voiture*) ... Là d'accord, c'était ce qu'il avait marqué dans la petite annonce. Mais bientôt cela s'est compliqué: il demandait que je (*transmettre/messages*) ... car il se disputait avec sa femme. Elle aussi a insisté que je (*répéter/insultes*) ... à son mari. Mais le comble, c'était le jour où il m'a montré un revolver dans la boîte à gants — il voulait même que je (*devenir/garde du corps*) ... !»

Trouver un job d'appoint

Le marché des petits boulots va se rétrécissant pour les étudiants en concurrence avec les jeunes demandeurs d'emploi. Restent, toutefois, mille et un moyens de se faire de l'argent de poche.

Même si, les statistiques en témoignent, les 18–25 ans ont une tendance prononcée à prolonger autant que faire se peut leur vie chez papa-maman, ils n'échappent pas à cette loi du genre étudiant; un job pour être autonome. L'enjeu de ces travaux varie donc suivant qu'ils seront d'appoint pour les jeunes en quête de quelque argent de poche ou vitaux pour tous ceux qui n'ont que ce moyen-là d'espérer poursuivre des études supérieures.

De bonnes sources

Quoi qu'il en soit, pour entrer dans le sérail des étudiants avec revenu, la volonté est de mise. Parce que la concurrence est forte. De plus en plus forte. Sur le marché de l'emploi des milliers de jeunes, pour bon nombre livrés au chômage, se précipitent, et le territoire des étudiants va rétrécissant. Déterminé, l'étudiant candidat à l'emploi pourra emprunter quelques-unes des pistes ici tracées qui siéront aussi bien à celui qui veut décrocher un job d'été qu'à cet autre à la recherche d'un petit boulot pour toute l'année.

Un certain nombre d'organismes publics collectent des renseignements sur les emplois voire même des offres d'emploi. Et pour commencer, une institution bien connue des étudiants, les Crous, centres régionaux des œuvres universitaires, qui sont installés dans chacune des villes universitaires. Les centres n'hésitent pas à mener des campagnes de publicité pour attirer les offres des employeurs. C'est ainsi que, l'année dernière, sur le plan national, ils ont pu attribuer près de 28 000 emplois. Surtout des emplois occasionnels de très courte durée. Le nombre des jobs à plein temps et sur toute l'année est à la baisse. De même pour les emplois à plein temps d'une durée supérieure à un mois. En revanche les emplois à temps partiel sur toute l'année restent stables. Un bon baromètre pour les futurs étudiants travailleurs.

Les emplois proposés par les CROUS sont soit des jobs chez les particuliers (baby-sitting, cours particuliers, travail au pair), soit des emplois dans le secteur commercial type vente, animation dans les grandes surfaces, inventaires, manutention, ou rattachés à la sphère publicitaire (démarchage, affichage, distribution de tracts, enquêtes). Plus marginales sont les situations offertes dans les secteurs de l'hôtellerie ou de la restauration.

Pas d'euphorie bien sûr au pays des salaires. Mais les CROUS affirment toutefois que les seules rémunérations inférieures au SMIC concernent les gardes d'enfants payées de 15 à 27 francs de l'heure.

Autre exemple, les cours particuliers dont le prix varie en fonction du niveau scolaire de l'élève et des diplômes de l'étudiant-professeur, et selon les académies, de 25 à 150 francs.

Autres bonnes sources, institutionnelles elles aussi, d'informations: les Crij, centres régionaux d'information jeunesse (CIDJ Paris 101, quai Branly, 77015 Paris) qui disposent pourtant de plusieurs centaines d'emplois par mois. Essentiellement pour les candidates «au pair», cependant. Dans certaines régions, ces centres éditent des plaquettes recensant (adresses et numéros de téléphones à l'appui) les grandes entreprises qui ont l'habitude de proposer des jobs d'été. Un bon départ.

D'étudiant à étudiant

Au sein de l'université, les outils de recherches d'emploi se diversifient. Nombre d'associations ou même de syndicats étudiants font la quête aux jobs auprès des entreprises environnantes.

Quand ils ne proposent pas eux-mêmes des emplois pour tenir le centre de polycopie de la «fac» ou la cafétéria de l'UFR (unité de formation et de recherche). De la même façon dans les grandes écoles où les bureaux d'élèves sont très actifs. Ces établissements de commerce ou d'ingénieurs ont ceci de particulier qu'ils offrent également l'opportunité de travaux ponctuels, mais dans tous les cas à la hauteur des jeunes compétences professionnelles des élèves. C'est précisément, le cas des Junior Entreprises, associations d'élèves qui réalisent sur commande ou après prospective des enquêtes de faisabilité, exportation et autres, pour le compte d'entreprises bien réelles. Les élèves reçoivent alors des honoraires.

Pionnicat

Outre les agences d'intérim, les petites annonces, les étudiants peuvent aussi, et au même titre que toute personne en quête d'un travail, faire du porte-à-porte. Pour leur éviter des pas inutiles, voici, quelques secteurs dans lesquels les jeunes sont volontiers bienvenus: les fast-foods (surtout de mai à octobre), les grands magasins (en période de fêtes ou promotion en particulier mais pour des séquences courtes), les hôpitaux, le portage (un phénomène typiquement parisien que le coursier arc-bouté sur son scooter), les banques (pour des remplacements d'été), enfin les Postes et télécommunications et la SNCF. Pour ces deux dernières, il ne faut pas hésiter à postuler de longs mois à l'avance.

Restent bien sûr les traditionnels emplois saisonniers type récoltes et vendanges (renseignements auprès des chambres départementales

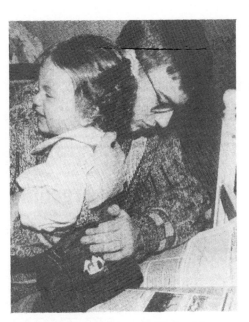

Baby-sitting: pour fille ou garçon, un job d'appoint par excellence. (Photographie ARCHAMBAULT.)

d'agriculture ou du CDIR, centre de documentation et d'information rurale, 92 rue de Dessous-des-Berges, 75013 Paris) ou genre colonies de vacances (un contact parmi beaucoup d'autres: les Cemea, 76, bd de la Villette, 75019 Paris).

Pour qui préférerait sauver ses vacances d'été, demeure l'opportunité du pionnicat en collège et lycée. A la condition expresse toutefois que le dit étudiant (entre dix-huit et vingt-neuf ans) soit engagé dans une filière de formation supérieure préparant à un métier de l'enseignement. Les demandes doivent être présentées, dès le mois de février, au rectorat de l'académie. Au rendez-vous, environ 5 000 F par mois pour vingt-huit heures de surveillance par semaine.

Avec l'aimable autorisation du journal *Le Figaro*.
© *Le Figaro*, 1988

Compréhension du texte

Préparation

Vous passez une année en France en faculté mais le coût de la vie est beaucoup plus élevé que vous n'aviez pensé. Vous avez donc besoin d'augmenter un peu votre bourse en cherchant un emploi à temps partiel.

Heureusement vous avez trouvé dans *le Figaro* cet article qui vous sera très utile. Avec l'aide d'un dictionnaire si nécessaire, lisez l'article et dressez des listes de renseignements qui pourraient vous être utiles, *par exemple*:

organismes ou endroits pour obtenir renseignements

emplois possibles (avantages/problèmes/salaires)

En classe

Comparez vos listes, pour vérifier que vous avez bien compris.

Travail oral à deux

Vous discutez avec un autre étudiant votre intention de chercher un emploi et vous comparez vos expériences jusqu'ici du travail à temps partiel, des problèmes posés par certains emplois, des avantages d'autres, des difficultés d'en trouver, etc. (pensez à utiliser le vocabulaire de vos listes).

ATTENTION AUX PIEGES!

Stop aux galères! Voici, pour tous les candidats aux jobs d'été, les conseils pratiques qui permettront de surmonter les pièges et les embûches.

Dénicher un job d'été, c'est bien mais attention...

Le contrat de travail – Pas question d'accepter un travail au noir ou un job «indépendant»; un contrat de travail doit vous être proposé.

À durée déterminée: le plus habituel pendant les vacances. Votre rémunération ne peut être inférieure au SMIC (salaire minimum interprofessionnel de croissance) (28, 48 F de l'heure). Néanmoins, si vous avez entre 17 et 18 ans, l'employeur peut vous retirer 10%, voire 20% si vous êtes plus jeune.

À durée indéterminée: il implique une lettre d'embauche précisant au minimum la durée du travail, le poste occupé, le salaire et les primes.

Les absences – Panne d'oreiller: une demi-journée sera décomptée de votre salaire. Une mauvaise grippe: un arrêt de travail de votre médecin (envoyé à l'employeur dans les 48 heures) vous permettra de percevoir une indemnité journalière au bout du 4e jour d'arrêt — si vous justifiez de 200 heures de travail dans les 3 mois qui précèdent.

Les congés payés – Pour chaque mois de travail, vous avez droit à 2,5 jours de congé payés. Si vous quittez l'entreprise au bout d'un ou deux mois, vous bénéficiez d'une indemnité compensatrice.

Si votre patron fait la sourde oreille à un éventuel problème, adressez-vous sans attendre aux délégués du personnel et, le cas échéant, vous pouvez réclamer l'intervention de l'inspecteur du travail.

Jean-Marc Plantade,
Le Parisien, 31.5.88

Connaître vos droits!

Que dire à un employeur pour qui vous envisagez de travailler en France s'il vous explique:

a «Votre emploi restera non officiel — comme ça, pas besoin pour vous de contribuer à la sécurité sociale ni de payer les impôts.»

b «Je ne peux vraiment pas vous dire combien de temps j'aurai besoin de vous.»

c «Vous gagnerez 19 F de l'heure.»

d «Si vous arrivez en retard, vous perdrez une journée de salaire.»

e «Je suis désolé — si vous êtes malade, vous ne serez pas payé.»

f «Puisqu'il s'agit d'un travail temporaire, vous n'aurez pas de congé payé.»

Essayez d'éviter le langage bureaucratique de l'article en formant vos réponses.

Travail écrit individuel

Maintenant vous savez au moins où commencer, mais d'abord vous avez besoin d'écrire une lettre de demande d'emploi. Avant de commencer il faut savoir exactement quel emploi vous cherchez et pour quand et combien de temps. Regardez les petites annonces pour vous donner des idées.

MONSIEUR TOURÉ YOUSSOUF   24 novembre 1988
4, Avenue du Président Nixon
94 200 St Michel SUR/ORGE

                            A Monsieur le Chef du Personnel.

Objet : Demande d'Emploi
Ref : Figaro du 23-11-88

        Monsieur,
    En réponse à votre annonce parue cette semaine dans le Figaro, je me permets de poser ma candidature au poste de Chauffeur.
    Je conduis depuis 10 ans et je n'ai jamais fait d'accident, même pas un seul accrochage.
    J'ai un BAC Littéraire et obtenu un DEUG d'Anglais, langue que je parle très couramment.
    Vous trouverez ci-joint mon Curriculum Vitae sur mon passé professionnel. En tous les cas, je me tiens à votre disposition pour plus de renseignements.
    Ce poste m'intéresse tout particulièrement car c'est un rêve pour moi de travailler dans votre Compagnie, INTERNATIONAL LIMOUSINES.
    Dans l'attente d'une suite favorable, veuillez accepter Monsieur, mes salutations les plus distinguées.

                        T. Touré

LE PETIT JOB!

Vous savez déjà qu'on emploie le subjonctif avec *vouloir que*.

Thierry veut trouver un petit job pour gagner un peu d'argent; mais ses parents exigent qu'il ne néglige pas ses études.

Voici ce qu'en pense sa mère ... lisez en considérant attentivement les verbes.

Quelles sont les expressions qui nécessitent le subjonctif?

Il veut être autonome ... je veux bien qu'il soit autonome. Je suis tout à fait heureuse qu'il soit autonome!

Je suis contente qu'il cherche un job d'appoint. Mais j'aimerais aussi qu'il poursuive ses études.

Il parle d'être serveur dans un fast-food. Je n'aimerais pas qu'il fasse ce travail; les heures sont trop longues. Non, décidément, je n'aimerais pas qu'il devienne serveur dans un fast-food. J'ai peur qu'il ne passe pas assez de temps à étudier.

Je ne suis pas non plus contente qu'il fasse du baby-sitting. J'ai peur qu'il ne passe son temps au téléphone, et je préfère qu'il se mette à étudier le soir.

Je n'aimerais pas qu'il soit coursier; j'ai peur qu'il ne conduise pas bien ... Et puis je doute qu'il soit capable de donner des cours aux élèves moins jeunes!

Je préfère qu'il soit moniteur dans une colonie de vacances, ou qu'il travaille au pair pendant les grandes vacances. Comme ça il pourra bûcher quand il le faut!

Exercice oral/écrit

Les parents de Thierry discutent ensemble le genre de petit job que leur fils doit trouver. Imaginez les réactions de son père, et recréez leur conversation en employant autant que possible les expressions:

(ne pas)	aimer	que
	préférer	que
	être content(e)	que
	être heureux/euse	que
	douter	que
	avoir peur	que + ne

A L'ECOLE DES ONDES

Si vous voulez faire carrière dans l'audio-visuel, ne partez pas les mains vides. «Studio Ecole de France» forme des jeunes à la radio de demain . . .

Derrière un micro

Deux étudiantes se partagent le micro. L'une d'elles lit des flashs d'informations. La voix est bien posée, claire, le ton déjà professionnel. L'autre annonce son programme musical, avec chaleur et humour. En régie, un élève assure la réalisation de l'émission sous l'oeil averti d'un technicien qui n'a pratiquement pas à intervenir. «Nous voulons que nos étudiants soient immédiatement opérationnels et en même temps qu'ils durent dans ce métier. Nous formons

donc des spécialistes, mais aussi des gens polyvalents, la culture générale professionnelle tient aussi une grande place dans nos programmes», dit Catherine Turmo. Ex-animatrice dans les studios décentralisés, puis chargée de la formation des animateurs et de la grille des programmes de Radio France, elle veille aujourd'hui à la bonne marche de l'école.

Trouver sa «voix»

La formation dure deux ans. La première année est une découverte de tout le paysage du son et

de l'image avec au programme un enseignement général sur les métiers, les techniques, l'histoire et la prospective de la communication, tout particulièrement des média audio-visuels. Pendant tout un trimestre les étudiants par groupe de 3 à 4 apprennent à faire des enquêtes; à constituer une documentation, à élaborer un dossier sur un sujet d'actualité. Le dernier trimestre est consacré aux travaux pratiques; l'occasion de s'initier à toutes les disciplines: information, animation, production, programmation, technique et réalisation. Une formation haut de gamme donnée par des professionnels encore en activité, assistés par des pédagogues; à côté des enseignants permanents interviennent régulièrement des journalistes, des réalisateurs. A la fin de cette première année, les étudiants, déjà opérationnels, font tous un premier stage en entreprise: à Paris, en banlieue ou en province. A la fin du stage ils remettent un mémoire.

Les élèves aiment l'ambiance de l'école: «sympathique, détendue, on s'y sent bien. Les professeurs sont ouverts. Nous parlons beaucoup avec eux.» Ce qui n'exclut pas la discipline. «Nous voulons des élèves assidus et ponctuels, capables d'esprit d'équipe», souligne Catherine Turmo.

Un entraînement intensif

Autre souci de l'école: offrir à ses élèves des

conditions de travaux pratiques très proches de celles qu'ils vont rencontrer pendant leurs stages et plus tard dans leur métier. En deuxième année par exemple, les étudiants sont au studio dès 7 heures du matin. Le meilleur moyen pour les professeurs de voir si l'élève sera capable plus tard d'assurer des émissions matinales, très importantes en radio. Il faut aussi tenir le rythme, travailler vite, avoir de bons réflexes.

Une centaine d'élèves suit chaque année les cours de Studio Ecole de France. Un peu plus de la moitié passe en deuxième année.

«Notre objectif principal est de trouver un premier emploi aux élèves dès la sortie de l'école», dit Catherine Turmo. Objectif atteint à 95% sur chaque promotion depuis la création de l'école. Les diplômés trouvent du travail en province dans les radios locales privées commerciales, sur le réseau de Radio France décentralisé, essentiellement comme animateurs. Autres débouchés: les maisons de productions audio-visuelles.

STUDIO ECOLE DE FRANCE accueille des élèves ayant le niveau du bac. Il n'y a pas de limite d'âge. Les inscriptions ont lieu en janvier, les cours de novembre à juin (pas de vacances en février). Coût de la scolarité: 21 360 F par an. L'école a négocié avec des banques la possibilité de prêts pour ses étudiants.

Biba, novembre 1987

Connaissance du texte

Mots clefs

Vous trouverez ci-dessous plusieurs expressions utiles. Mais attention — il y en a qui, à première vue, ressemblent assez à certaines expressions anglaises, et qui ont quelquefois une signification différente. Relisez le texte pour retrouver le contexte des expressions ci-dessous; réfléchissez-y, puis vérifiez leur sens exact à l'aide d'un dictionnaire.

les formations professionnelles

former/la formation/suivre sa formation
spécialiste/des gens polyvalents
un programme/un entraînement
enseigner/enseignement/enseignant(e)
un(e) professionnel(le) encore en activité
(les conditions des) travaux pratiques
s'initier à une discipline
faire un stage (en entreprise)
atteindre son objet (principal)

les média audio-visuels

le micro/au micro
réaliser/(assurer) la réalisation/un réalisateur
animer/l'animation/un animateur, une animatrice
le son et l'image
faire une enquête/constituer une documentation/
élaborer un dossier
l'actualité (f)/actuel(le)
l'esprit d'équipe
une émission (matinale)
une radio locale/décentralisée/privée/
commerciale

A discuter . . .

- Quels sont les aspects de cette formation qui vous semblent les plus attrayants?
- Seriez-vous en mesure de faire un tel métier?
- Dans quelle mesure cette formation est-elle abordable à tout le monde?

Exercice de compréhension → grammaire

Il y a dans le texte plusieurs aspects de l'Ecole des ondes qui doivent intéresser les directeurs de radio qui embauchent du personnel. Il y a aussi beaucoup de choses qui doivent intéresser les étudiants éventuels!

1   Regardez encore une fois l'article pour dresser les deux listes de ces facteurs.

2   Complétez ces phrases, en vous servant de vos listes. Vous trouverez certainement plusieurs qui commencent ainsi! Mais attention: n'oubliez pas le subjonctif . . .

> Les directeurs de radio aiment bien que les étudiants . . .
>
> Les directeurs de radio apprécient que l'école . . .
>
> On souhaite qu'une animatrice de radio . . .
>
> Les étudiants sont contents que l'école . . .
>
> Les étudiants apprécient que les professeurs . . .

Et si on montait son flash publicitaire . . .

Une école des média audio-visuels propose de créer son propre flash publicitaire, destiné à intéresser d'éventuels élèves. On a proposé comme scénario un dialogue au cours duquel un(e) lycéen(ne) essaie de persuader sa mère qu'il vaudrait la peine de s'inscrire à l'école.

Vous voyez ici le premier brouillon, sur lequel on a déjà noté les doutes et les questions que soulève la mère. Votre tâche est de compléter le scénario en y répondant, d'une manière directe et naturelle, afin de la convaincre. Attention: il faudra fournir autant de raisons que possible — n'oubliez pas qu'il s'agit de faire la réclame!

On pourrait ensuite le faire enregistrer.

> —C'est quoi donc, les média audio-visuels?
>
> —Mais ça ne s'apprend pas à l'école!
>
> —Ecoute, j'ai peur que tu te spécialises . . .
>
> —Etre animateur/animatrice, c'est simple! Tu n'as qu'à savoir lire à haute voix! Et tu me dis qu'on met deux ans à apprendre ça . . .
>
> —Mais après tout, ce ne sont que des profs, et tout ça, c'est de la pure théorie . . .
>
> —D'après ce que tu dis, ce n'est donc pas tout le monde qui arrive à faire ça, alors?
>
> —Et quelles seraient tes chances pour trouver un emploi à la sortie?

DANSE A LAUSANNE
Premières chances et jeunes espoirs

Lausanne, la jolie ville au bord du lac, a accueilli les jeunes danseurs venus de tous les coins du monde pour se confronter à cette dure réalité qu'est un concours.

« *D*ans tout concours, il y a la loi du plus fort», disait John Neumeier à ceux qui venaient d'être recalés ... Et, positif, il poursuivait: «Vous ferez tout de même une belle carrière de danseur, si vous êtes motivé par cela.» Il faut l'être, car ce métier, l'un des plus durs, l'un de ceux qui demandent le plus de travail, d'opiniâtreté, est également l'un des plus courts et l'un des plus mal payés. Ah! Elle coûte cher la minute d'ovations. Mais foin de pessimisme à une époque où la danse est en train de s'imposer comme l'art de cette fin de XXe siècle.

Jamais les candidats n'avaient été aussi nombreux. Quatre-vingt-dix-neuf, malgré une rude sélection. Ainsi, les premières épreuves éliminatoires firent-elles pleurer plus d'un candidat. «Il le faut» dit Philippe Braunschweig qui est le créateur de ce concours dont il reste le principal animateur. «Nous sommes fidèles au but que nous nous étions fixés lors de la création. Notre but n'est pas d'être gentils, mais d'aider ceux qui ont des possibilités. Les autres? Nous les aiderons à arrêter,

à comprendre qu'ils pourront toujours danser, mais que leur avenir n'est pas là ... Croyez-moi, il leur est bien plus profitable de le savoir tôt que de caresser des espoirs qui ne seront jamais concrétisés.» Cette année, certains ont voulu venir malgré qu'on ait essayé de les en dissuader. Ainsi deux riches Japonaises auxquelles, à Tokyo, on avait dit qu'elles n'avaient aucune chance. Elles sont venues tout de même et ont été éliminées à la première séance. «Ce ne sont pas les riches qui gagnent, mais ceux qui ont

les armes indispensables à cette dure vie de danseur.» Le meilleur exemple est sans doute celui de José-Carlos Martinez. Né dans une famille très simple, dans le sud de l'Espagne, le jour où il accompagne sa soeur au cours de danse, tout son univers bascule. Cela s'impose à lui: il sera danseur. «J'avais onze ans, se souvient-il, et en Espagne, vouloir être danseur n'était pas très bien vu pour un garçon.» Il est si doué que son professeur téléphone alors à José Ferran qui, après avoir fait partie de la troupe

des Ballets du marquis de Cuevas, travaille aujourd'-hui à Cannes avec Rosella Hightower. «Je ne pouvais rien faire sans voir le garçon. Il est venu quelques semaines plus tard, avec ses parents. Il ne savait pratiquement rien et cependant il a suivi le cours avec une telle harmonie que j'ai dit à ses parents: «Je le prends». A la fin de l'année il était le meilleur de sa classe.» Aujourd'hui, José-Carlos Martinez a dix-sept ans, est en première, toujours le meilleur de sa classe. Au concours de Lausanne où il est arrivé en finale, il s'est vu offrir le Prix de Lausanne «Bourses» et a choisi de venir finir sa scolarité de danseur à l'Opéra de Paris.

«J'avais tout de suite vu qu'il était dans son élément», dit José Ferran, qui avec fierté et émotion, voit lui échapper le petit garçon qu'il a suivi et fait travailler. Mais, pour une réussite, combien d'échecs? Un énorme pourcentage. Qu'importe, puisque la première qualité que l'on demande à un danseur, outre le talent, est la volonté d'arriver. Ainsi Frederica, quinze ans seulement, jeune Italienne qui se prépare déjà à affronter de nouveau le concours de l'année prochaine. Elle vient d'essuyer son premier échec, et le fait avec courage. «Je suis plus jeune que la plupart des condidats, je peux donc me représenter, rien n'est perdu pour moi. De toute façon, je veux danser.» «Elle a une vocation bien ancrée, dit son père, et elle fait d'énormes sacrifices pour la danse. C'est à nous, ses parents, de la soutenir, en espérant qu'elle peut faire de sa passion sa vie de demain. C'est le plus beau cadeau que nous puissions lui offrir.»

Tous les parents n'ont pas cette générosité. Certains manifestent de l'agressivité à l'égard des membres d'un jury qui a osé éliminer leur talentueux rejeton ... Qu'importe! Le bilan est positif. C'est pourquoi les deux concepteurs du Prix de Lausanne, Maurice Béjart et Philippe Braunschweig, ont bien l'intention d'en faire plus encore, en créant le «Concours de Lausanne — Chorégraphes nouveaux», concours dont le but est d'offrir à de jeunes chorégraphes la possibilité de réaliser leur création chorégraphique avec les danseurs d'une compagnie internationale. Après Diaghilev, après Isadora Duncan qui ont donné une nouvelle orientation à la danse, un troisième créateur de ce siècle aura peut-être là la possibilité de se faire entendre ... et voir.

(Marie-France, juin 1987)

Vocabulaire

Quelques explications

il y a la loi du plus fort	—c'est le plus fort qui gagne
recaler	—refuser (à un examen, à un concours)
foin de pessimisme!	—cela ne sert à rien, le pessimisme
un animateur/ une animatrice	—celui/celle qui organise ou présente
cela s'impose à lui	—pour lui, c'est évident
outre le talent	—en plus du talent
essuyer un échec	—éprouver, avoir à supporter, un échec
se représenter	—se présenter de nouveau
c'est à nous de ...	—notre devoir, c'est de ...
le bilan est positif	—le résultat est bon

Ayant lu l'article précédent, repérez le vocabulaire et les expressions qui vous aideront à discuter ensuite:

a Quel genre de personne va réussir dans un tel métier.

b Le rôle des profs et des parents d'enfants doués.

Travail à deux

Votre camarade de classe pense à se présenter à un concours de musique/de danse/à une audition de théâtre (à vous de choisir).

Interrogez-le (la) pour savoir s'il faut l'encourager, ou l'en dissuader.

Exercice 14w

Complétez le tableau.

nom	adjectif
la richesse	riche
	gentil
le courage	
	généreux
le talent	
l'agressivité (f)	
	fier
l'opiniâtreté (f)	
	fort

«Faire de sa passion sa vie de demain . . .»

motivé(e)? doué(e)?

la volonté d'arriver

...caresser des espoirs...

se fixer un but...

le meilleur /la meilleure de sa classe?

...une vocation bien ancrée...

...faire des sacrifices...

...essuyer les échecs...

...arriver en finale?

la loi du plus fort

... et si on est éliminé à la première séance?

Bruno: au buffet de la gare

Problème majeur de tous ceux qui doivent commencer leur travail très tôt le matin — se lever! Lorsque Bruno travaillait au buffet de la gare, il devait être à 4h et demie sur place.

Un jour pourtant, il est arrivé à . . . quelle heure?

Avez-vous compris ces expressions utilisées par Bruno au cours de cette anecdote?

a sur le coup de 5 h.

b je suis parti au radar

c le maître d'hôtel était vraiment petit chef

d je me faisais sermonner

e le cirage dans lequel j'étais

Le Canard envolé

- Ecoutez ensuite la deuxième anecdote racontée par Bruno, jusqu'à '. . . *le canard avait disparu, s'était envolé . . .*'

  Dans ce résumé de l'événement, l'ordre des phrases a été brouillé, et certains détails sont même inexacts. Travaillez à deux pour le corriger.

  a Il est parti avec son plateau à la hauteur de sa taille.

  b Le client a commandé un canard à l'orange.

  c On a cherché partout.

  d Il a posé le plateau avec le canard devant le client.

  e Le serveur et le chef ont commencé à s'engueuler.

  f Le serveur a pris le canard dans la cuisine.

  g Le chef lui a donné un autre canard.

  h Il est revenu demander si on lui avait joué un mauvais tour.

Travail à trois

- Cinq minutes après arrive le maître d'hôtel (assez petit chef!) pour interroger les deux employés (toujours en colère l'un contre l'autre) sur l'affaire du canard disparu. Divisez entre vous les rôles pour en discuter, et essayez de résoudre le mystère! C'est au maître d'hôtel de commencer en demandant aux deux autres:

  «Mais vous voulez vous faire licencier tous les deux? Racontez-moi exactement ce qui s'est passé!»

  Quelles sont les conclusions de votre conversation?

  le chef
  le serveur   a dû ... ?
  le canard

Vocabulaire

Quelques expressions utiles qui pourraient vous servir à développer le débat:

     peut-être que . . .
     essayez de vous rappeler . . .
     je suis absolument convaincu que . . .
     je refuse de croire que . . .
     voulez-vous dire que je . . . ?

- Ecoutez enfin le dénouement du récit, et corrigez, s'il est nécessaire, les explications que vous venez de fournir!

Travail à l'étranger

Travail écrit

Vous passez un an en faculté en France.

Le rédacteur du journal des étudiants vous a demandé d'écrire un article destiné aux étudiants français qui font des études d'anglais. Il paraît qu'il y a beaucoup de ces étudiants qui aimeraient aller passer leurs vacances d'été à travailler en Grande Bretagne.

Il s'agit donc de parler du genre d'emplois offerts aux étudiants en Grande Bretagne, du salaire, des difficultés ou des problèmes possibles, mais n'oubliez pas que vous écrivez un article de journal. Les histoires amusantes ou les expériences personnelles sont souvent aussi intéressantes pour les lecteurs que les renseignements.

Partie de Campagne

Au risque de briser quelques-unes de vos illusions, permettez-moi de vous raconter la campagne, telle que je la pratique depuis une bonne quinzaine d'années. J'habite un hameau de cent habitants et pas une boutique, à quatre-vingts kilomètres de Paris. C'est bien près, croyez-vous … Si vous saviez … j'habite une autre planète et un autre temps.

Pour commencer, une fille ne vit pas seule, à la campagne. Elle reste chez ses parents, ou elle va se mettre en ménage si elle n'a pas trouvé de mari. Seule, ce n'est pas pensable, des choses comme ça!

Telle est la première vérité qu'il faut connaître quand on vit dans un village: on ne peut y demeurer anonyme. Chacun appartient à tout le monde, car dans un espace et dans un groupe aussi définis, précis, on est indestructiblement lié par la monotonie, l'ennui, la frustration ou la haine, par la gentillesse, l'amitié, la générosité aussi. Chaque individu se voit coller une étiquette; celui-ci est «bu» le samedi soir, celle-là ne fait jamais son ménage, celui-ci conduit comme un dingue … Et ils sont importants, ces détails, parce que le moindre changement de l'un ou de l'une va forcer les quatre-vingt-dix-neuf autres à réorganiser leur regard et leur appréciation.

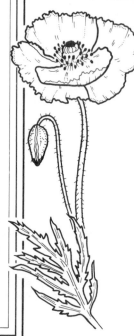

Formez des couples de mots de la même famille, en cherchant dans le texte celui qui correspond à l'expression ci-dessous; n'oubliez pas d'indiquer le genre des noms.

par exemple: risquer → le risque

ennuyer →   vérifier →

haïr →   définir →

penser →   habiter →

frustrer →

Vivre à la campagne, c'est s'endormir dans une maison qui craque un peu, c'est entendre le vent siffler dans la cheminée, les hiboux dans les arbres. Et rien d'autre.

A Paris, même à quatre heures du matin, même dans une chambre sur la cour, il y aura toujours un ronflement de grande ville, une vibration imprécise à laquelle on n'est même plus attentive, et qui jamais ne cesse. A cinq heures trente, un premier grognement retentit, c'est le métro qui passe sous l'immeuble, fait trembler les murs et les placards jusqu'au huitième étage. A six heures, les éboueurs, et le gros moteur de leur benne à ordure. A sept heures, le voisin du dessus fait couler son bain ou sa douche, met le transistor en marche pour apprendre que cent cinquante limousines ont dérapé sur l'auto-route du sud, que la princesse attend un heureux événement, toutes choses délicieuses à entendre quand on a encore sommeil. Ensuite viennent les voitures, coups de klaxons, l'aspirateur de la voisine du dessous, les petits pieds de son bambin qui court derrière son ballon dans le couloir, en riant de bonheur. Bref, la nuit est finie, la grasse matinée condamnée et l'humeur calamiteuse.

Dans mon village, je dors comme un caillou. Et même, les nuits d'hiver, quand la neige a recouvert les toits et les champs, le silence en vient à me réveiller, tant il est profond.

Pourtant, à la campagne, l'une des calamités naturelles s'appelle «le chien du voisin». Dès que passe un facteur, un vélo ou un autre chien, il se met à aboyer comme un malade pour signaler l'événement à ses confrères, qui reprennent l'information, et le village entier n'est plus qu'un interminable aboiement. Mais il y a mieux encore: la basse-cour. Les canards et les oies et les coqs valent mille chiens chacun. Une basse-cour en bonne santé fait du raffut sans aucune raison raisonnable, et rien ne l'arrête, en dehors de la cocotte-minute. Bizarrement, les poules sont les moins bruyantes!

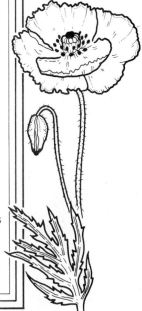

Etude de vocabulaire

Classez les mots et les expressions qui expriment les bruits, et les autres sources de bruit, sous les catégories suivantes (indiquez le genre/l'infinitif/ le sens.

ville	campagne
bruits venant de l'extérieur	animaux
bruits à l'intérieur	autres sources

En ville, s'il pleut, on râle; à la campagne, on accueille la pluie comme il convient avec plaisir, parce qu'elle fait vivre la terre, et que ça c'est plus important qu'une chaussure crottée. A la limite, le journaliste de la télé qui annonce au trente-cinquième jour de sécheresse: «le beau temps va continuer!» nous donne des envies de meurtre. C'est lui qui va nous les arroser nos laitues?

Evidemment, si je ne vivais que dans mon village, j'en crèverais. Il me faut du brillant, du nouveau, du movement, du surprenant. J'ai besoin de connaître d'autres univers que le mien, en écoutant d'autres histoires que celles du canton au jour le jour. Ce n'est pas si facile: pour aller à la ville, il y a un car à six heures trente le matin, un autre à six heures trente le soir. Sans voiture, je serais comme paralysée. Et vivre à la campagne, ça coûte cher! La SNCF a beau proposer des tas d'abonnements et autres cartes orange, le budget transports pèse lourd, sans parler de la fatigue.

Il n'y a pas très longtemps, je suis allée marcher dans les champs qui se trouvent juste au bout du jardin. Il était deux heures du matin, je venais de terminer un article, j'avais besoin de me détendre. En revenant chez moi, j'ai remarqué que pas une seule seconde, je n'avais eu la moindre crainte, parce qu'il n'y avait aucun danger. C'est cela aussi, vivre à la campagne: on n'y a pas peur, et quand par hasard, on croise un inconnu, au lieu de prendre ses jambes à son cou, on dit le bonjour, et on passe son chemin. Faites-en autant à Paris!

(*Biba*, juillet 1987, abrégé)

Didier a onze ans; il aime mieux le foot que le français. Son professeur lui a demandé d'écrire un résumé de l'article «Partie de campagne», que vous venez de lire. Voici son travail — mais comme vous voyez, il a lu l'article trop rapidement, et il y a beaucoup de malentendus! Comment le corriger?

> La journaliste qui a écrit l'article habite un grand village depuis quelques mois. Elle trouve que c'est bien parce que là on peut mener une vie privée. Personne ne vous remarque, et on vous prend pour ce que vous êtes. Pourtant elle dort moins bien à la campagne à cause du chien du facteur qui aboie la nuit. Elle croit qu'on tolère mieux la pluie en ville, parce qu'il y a beaucoup d'abri. La salade se vend cher à la campagne. Elle n'a plus de voiture. Elle est handicapée. Elle ne veut pas sortir de son village. Elle dit aussi qu'il ne faut pas avoir peur d'être seul à la campagne, puisqu'il y a des randonneurs partout du matin au soir.

15w

On raconte ses malheurs . . .

Complétez le monologue en vous choisissant celle des expressions suivantes qui convient:

le moindre prétexte   le moindre effort
le moindre problème   le moindre changement
la moindre raison   le moindre de mes ennuis
le moindre besoin   le moindre bruit
le moindre détail

Bien installés? Penses-tu! Depuis qu'on a déménagé en ville, tout a changé. Dans notre hameau, c'est vrai, on connaissait _____ de la vie des autres, on vous collait une étiquette sous _____; mais par contre, si vous aviez _____, si vous aviez _____ de quoi que ce soit, tout le monde était là, pour donner un coup de main . . .

Ici, jusqu'alors, personne n'a fait _____ pour nous connaître un peu; bien qu'ils n'aient pas _____ de se méfier de nous. Paul tolère mal le déménagement, lui qui a horreur du _____ de routine . . . il dort mal, quoiqu'il se réveille au _____ . . . et pourtant, pour moi, qui travaille à l'appartement toute la journée, les coups de klaxon, c'est _____!

Dormir comme un caillou . . .

Comment reconstituer ces locutions françaises? Comparez vos résultats avec ceux d'un(e) camarade; justifiez votre choix et discutez les cas douteux.

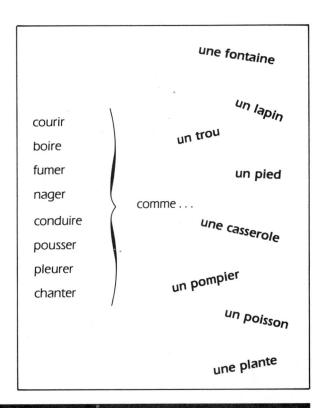

Entre Périgueux et Hautefort

Ecoutez cette conversation avec Bertrand, qui habite et travaille à Périgueux, mais qui est aussi en train d'aménager une vieille maison à l'extérieur de la ville. Après l'avoir écoutée décidez si les phrases suivantes sont vraies ou fausses (ou vraies dans une certaine mesure!), et corrigez celles qui sont fausses.

1 Bertrand aime bien profiter au maximum de sa voiture.

2 Les maisons sont toutes les deux bien grandes.

3 Cela lui tarde de finir de retaper celle de Hautefort.

4 Il passe la plupart de son temps à la campagne.

5 Il n'aime pas qu'on vienne le déranger là-bas.

6 Il a du mal à établir un contact avec ses voisins.

7 Il aurait peur de devenir misanthrope s'il s'absentait trop de la ville.

Ecoutez maintenant encore une ou deux fois pour pouvoir compléter ce résumé.

16w

Bertrand préfère ne pas habiter en banlieue, car il considère _____.

Comparé au prix des logements à Paris ou dans les grandes villes, son loyer à Périgueux _____.

Quand il est à la maison de campagne, qui est située _____, il passe son temps _____ et il a l'impression _____.

Pour y arriver il lui faut _____ et c'est un trajet _____; il y va donc _____.

Le mode de vie de ses voisins _____ (par exemple, au lieu de parler français, ils _____).

Somme toute, il partage son temps entre _____ de la ville et _____ de la campagne, et il est bien content que son travail _____.

Travail écrit

Vous êtes un(e) ami(e) de la journaliste qui a écrit l'article « Partie de Campagne». Vous venez de passer une semaine chez elle à la campagne et maintenant, de retour à Paris (où vous habitez), vous lui écrivez une lettre pour la remercier. Est-ce que la vie de campagne vous a plu? Si oui, vous voudriez sans doute le lui dire, si non, vous essayeriez peut-être de la persuader de venir habiter à Paris. Dans les deux cas vous aurez besoin de donner vos opinions personnelles, en tant qu'habitant(e) de Paris, sur les attraits ou les inconvénients de la vie de campagne et de la vie en ville.

En écrivant la lettre rappelez-vous que vous êtes ami(e)s, donc vous vous tutoyez, et que vous écrivez de Paris.

On se sent bien chez soi!

«Un petit chez soi vaut mieux qu'un grand chez les autres.» Le vieux dicton est toujours d'actualité. La plupart des Français rêvent d'être propriétaires de leur logement, de préférence d'une maison. Ils sont de plus en plus nombreux à y parvenir. Ils y vivent aussi de plus en plus confortablement.

Il y a en France 12 millions de maisons individuelles.
* *54% des Français habitent une maison (33% en 1970).*
* *46% habitent en appartement (67% en 1970).*
* *12,7 millions habitent dans des H.L.M.*

En dix ans, la répartition entre les logements collectifs et les logements individuels s'est complètement inversée. Aujourd'hui, plus de la moitié des Français ont pu réaliser leur rêve de maison.

51% des ménages sont propriétaires de leur résidence principale.
* *67% dans les communes rurales.*
* *34% à Paris.*

* *4% des Français sont logés par leur employeur et 4% à titre gracieux.*
* *49% des propriétaires ont encore des prêts à rembourser.*

Si la moitié des Français possèdent leur logement, la proportion est très variable selon les professions: 73% des agriculteurs, 59% des patrons de l'industrie et du commerce, mais 27% des ouvriers.

© Librairie LAROUSSE *Francoscopie*, 1987

Après avoir bien lu le texte écrivez autant de phrases que possible qui commencent:

1 De plus en plus de Français...

2 De moins en moins de Français...

et ensuite complétez ces phrases:

4 Plus de _____ que de _____ possèdent leur propre maison.

5 Il y a _____ de propriétaires à Paris que _____.

6 _____ de la moitié des propriétaires ont encore des prêts à rembourser.

Le début de l'exode urbain?

Pendant un siècle, les Français avaient progressivement abandonné les campagnes. Ils semblent aujourd'hui vouloir les retrouver. Ce mouvement montre l'importance croissante prise par le cadre de vie. Il pourrait avoir, s'il se confirmait, des conséquences importantes sur les futurs modes de vie.

Près de la moitié des Français habitent dans une ville de plus de 50 000 habitants. On s'était habitué depuis longtemps au dépeuplement des campagnes. Pourtant, on assiste aujourd'hui à l'arrêt de la croissance urbaine, au profit de celle des communes rurales. C'est la première fois, depuis la fin du siècle dernier, qu'un tel phénomène se produit. Seules les villes de moins de 10 000 habitants continuent de croître à un rythme supérieur à la moyenne. C'est l'un des principaux enseignements du recensement effectué en 1982.

Sur une centaine d'unités urbaines de plus de 50 000 habitants (villes isolées et agglomérations comprenant plusieurs communes), près de la moitié ont vu leur population décroître au cours des dernières années.

Les Français avaient d'abord quitté les centres-villes...

Les raisons probables de ce renversement historique de tendance tiennent à une déception croissante vis-à-vis des conditions de vie offertes par les grandes villes. À la quasi-impossibilité d'habiter la maison individuelle dont rêvent tous les Français se sont peu à peu ajoutés d'autres inconvénients: difficulté de circulation, bruit, pollution atmosphérique, mauvaise qualité des rapports humains, croissance de la délinquance sous toutes ses formes. L'augmentation du prix des logements (à l'achat comme à la location) a encore aggravé le «ras-le-bol» des citadins.

...pour s'installer dans les banlieues...

Comme il était difficile de transporter les villes à la campagne, on avait d'abord tenté l'opération inverse, en bâtissant des maisons près des villes dont le centre était inaccessible ou trop coûteux. On a donc assisté dans les années 60 à un formidable développement des banlieues des grandes villes, constituant une première couronne de population, puis bientôt une seconde. Cette situation était le résultat d'un double mouvement: d'un côté, l'arrivée aux abords des villes de nouveaux effectifs en provenance des campagnes, peu créatrices d'emploi et offrant une vie sociale et culturelle peu animée; de l'autre, l'éloignement des habitants des centres-villes vers les banlieues, à la recherche d'un bout de jardin et de conditions de vie plus calmes.

...Ils quittent maintenant les banlieues qui ressemblent trop aux villes.

Après le centre des villes, ce sont leurs abords (surtout lorsqu'ils sont composés d'immeubles collectifs) qui se dépeuplent aujourd'hui, au profit des petites villes et des communes rurales. Ce phénomène, appelé péri-urbanisation par les experts, concernerait près de 20% de la population totale. Dès que les conditions économiques le permettent (en particulier la possibilité de trouver un emploi), les Français s'implantent de plus en plus volontiers loin de la ville et de ses inconvénients. À la recherche d'un cadre plus agréable, résidentiel et propice à une vie socioculturelle satisfaisante. Les candidats à ce nouvel exode sont surtout les ouvriers et les membres des catégories moyennes, qui sont les principaux déçus de la vie urbaine. Mais la disponibilité de l'emploi reste un facteur déterminant.

© Librairie LAROUSSE *Francoscopie*, 1987

Un mouvement séculaire

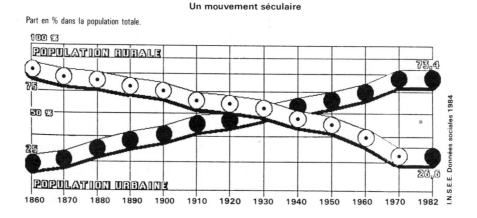

Part en % dans la population totale.

I.N.S.E.E. Données sociales 1984

Exercice de compréhension

Ce texte vous donne un résumé des mouvements de population entre la campagne et la ville en France depuis un siècle.

Voici les quatre thèmes principaux.

a Le dépeuplement de la campagne en France entre 1860 et 1970.

b La déception croissante vis-à-vis des conditions de vie en ville.

c Le développement des banlieues des grandes villes pendant les années 60.

d L'arrêt de la croissance urbaine.

Après avoir lu le texte une fois (à l'aide d'un dictionnaire si nécessaire), repérez dans le texte tous les détails (phrases/mots/statistiques) qui illustrent ces thèmes et notez-les sous ces quatre titres.

Exercice de vocabulaire

1 Dressez une liste de tous les mots dans le texte qui décrivent un endroit où il y a un nombre de gens habitant ensemble.

par exemple:

une ville, une commune rurale

2 Cherchez dans le texte tous les mots qui se terminent ainsi:
-tion
-ment
(et le genre?)

Remplissez les blancs en utilisant *tel/telle/tels/telles*.

De nos jours les conditions de vie en ville deviennent _____ qu'on commence à aller s'installer de préférence à la campagne. C'est bien la première fois depuis un siècle qu'un _____ phénomène se produit, et ce qui est plus inquiétant c'est que les candidats à ce nouvel exode sont _____ que la ville risque de s'appauvrir socialement. _____ est le problème qui confronte les amateurs de la vie des grandes villes.

Maintenant à vous
composez des phrases qui contiennent la forme exacte de *tel* avec:

a mouvement   **d** pollution

b situation   **e** développements

c dépeuplement   **f** déceptions

GRAMMAIRE

'Tel'

Emploi:
*un tel phénomène
telles sont les conditions de vie
la ville devient telle que . . .*

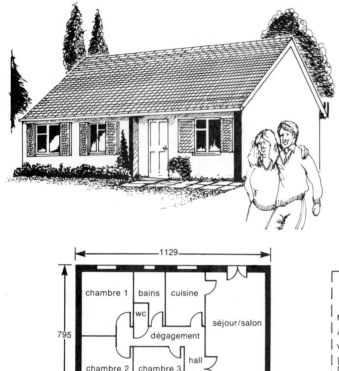

Travail à deux

Michel et Christine Dupont (1 enfant, 1 voiture, lui plombier, elle vendeuse à temps partiel) – c'est vous. Vous avez découpé cette publicité dans le journal, parce que vous envisagez justement de déménager, l'appartement que vous louez près du centre de Boulogne étant maintenant trop petit. Vous travaillez tous les deux au centre ville (quoique Michel passe la plupart de sa journée à visiter des clients chez eux). Est-ce qu'une telle maison individuelle vous conviendrait?

Bien sûr, on ne peut pas arriver à une telle décision sur-le-champ, sans documentation; vous aurez certainement besoin d'autres informations. Discutez, **p**our décider si ça vaut la peine d'aller voir «la maison témoin», et pour préciser les questions auxquelles vous cherchez des réponses concrètes.

―――――――――

A considérer: la construction: dimensions, nombre et disposition des pièces, style et matières, etc;

distances, transports: travail, magasins . . .

le voisinage, les aménagements

devenir ou non propriétaire; les responsabilités, le coût

―――――――――

Mais il y a d'autres acheteurs éventuels, d'autres qui recherchent une maison. Imaginez:

- Bernadette, 40 ans, bibliothécaire, qui vit avec son fils Jérôme, 15 ans.

- Annik, 22 ans, institutrice, et Julie, 21 ans, coiffeuse, deux copines qui partagent un 3 pièces loué.

Est-ce que cette publicité peut les intéresser? Est-ce que leurs besoins, leurs questions et leurs doutes seraient les mêmes que ceux qu'on a relevés chez les Dupont?

Expressions utiles

Pour discuter:

par contre/d'un autre côté
toutefois/quand même
cela revient au même
ce qui est sûr, c'est que . . .
tu exagères!
tu fais le difficile!/t'es difficile, toi!
être (trop) exigeant(e)

Pour marquer ses préférences:

je (n') aimerais (pas)   avoir . . .
je préférerais   que tu aies . . .
je désire

insister (pour avoir . . .)
je trouverais difficile de . . .
je (n') accepterais (pas) facilement de . . .

avoir son chez soi
ma maison à moi
ta   à toi
sa   à lui
             à elle
             à soi

notre maison à nous
votre   à vous
leur   à eux
              à elles

Pour parler des craintes:

avoir des ennuis pour   faire le trajet de . . . à
                               soigner le jardin
                               payer les
                                 remboursements
                               faire les courses

avoir des   quant   à la garde des
  problèmes   enfants
                               aux dépenses

des ennuis d'argent
éloigné/l'éloignement
isolé/l'isolement

LE VOISINAGE DANS LES GRANDS ENSEMBLES

C'EST LA VIE

VOISINS

Vous habitez dans mon immeuble?

Danièle Laufer, auteur du très actuel et très amusant «Guide des nouvelles célibataires», paru l'année dernière, a encore frappé. Cette fois, elle s'est penchée sur un sujet encore plus vaste et qui concerne chacun de nous: les voisins. Son livre, en forme de reportage humoristico-sociologique, dévoile avec minutie tous les secrets de son immeuble, et sans doute de quelques autres, car la galerie des personnages est impressionnante.

On y trouve, en vrac: un dentiste à états d'âme, une nymphomane qui fait exprès de se déshabiller le soir derrière ses fenêtres pour que tout le monde la voie, une retraitée angoissée, des alcolos, un chômeur qui ne sort qu'aux heures de bureau pour faire croire qu'il travaille, un exhibitionniste, un maniaque des pétitions. Il y a aussi un couple de gardiens à l'autorité incontestée et aux rites immuables. Et le bistrot Denface, annexe de l'immeuble. Et l'ascenseur, révélateur de la bonne ou mauvaise éducation des locataires.

Danièle Laufer est journaliste et spécialiste des problèmes de communication. La vie moderne est ici peinte par le petit bout de la lorgnette, et les détails quotidiens les plus infimes, mis bout à bout, finissent par donner une idée assez juste des difficultés de la cohabitation (mot qui prend ici son véritable sens). Le sens de l'observation acéré de Danièle Laufer va jusqu'à deviner les vies des gens à partir du peu qu'elle en voit et qu'on lui en dit. Une chose est sûre: chacun y reconnaîtra les siens. Ou rira jaune en se reconnaissant.

Brigitte Charles.

Le Livre des voisins, par Danièle Laufer. Carrère.

Sud-Ouest, 3.4.88

Simulation

Hélas! Chez vous, l'ambiance n'est pas si originale que dans l'immeuble de Danièle Laufer! Plusieurs habitants de votre tour (une trentaine de HLM* dans la banlieue d'une grande ville) ressentent le manque de contact, l'anonymat qui règnent depuis plusieurs années. Ayant tous lu les articles suivants dans *Le Parisien*, où l'on parle du voisinage plus ou moins réussi, vous avez décidé de vous réunir pour discuter des mesures qu'on pourrait prendre pour provoquer des améliorations.

*HLM: Habitation à loyer modéré

Pour mieux préparer la réunion, faites d'abord l'analyse des articles en prenant des notes sous les titres suivants:

les voisins qui se fréquentent le plus
– rang socio-professionnel
– habitat et type de logement
– âge

les facteurs qui favorisent
le contact

les facteurs qui défavorisent
ou qui empêchent le contact

DIX ANS POUR DEVENIR FAMILIER

Les Français sont plutôt méfiants à l'égard de leurs voisins. A l'exception des jeunes couples qui, peu à peu, font évoluer les choses.

PRÈS de 10 % des Français n'ont aucune relation avec leurs voisins, pas même une discussion de temps en temps! Un chiffre qui monte à 16 % dans les ensembles de plus de 35 logements...

D'où ce paradoxe: plus il y a de facilité pour aborder ses voisins, moins on pratique le voisinage... On comprend, dans ces conditions, qu'une disparition mette parfois plusieurs jours avant d'être signalée par un voisin: «le drame de l'indifférence» en quelque sorte.

Les plus «pratiquants» ont des enfants et résident en milieu rural mais aussi, curieusement, à Paris. Ils habitent en logement individuel: l'isolement lié à l'installation s'atténue rapidement mais il faut une dizaine d'années pour parvenir à des liens étroits entre voisins. Telles sont les conclusions d'une étude publiée par l'I.N.S.E.E.

Les agriculteurs en marge

Mais attention! Tout le monde ne pratique pas le voisinage de la même manière: Il y a les «utilitaristes», souvent des ouvriers ou des artisans commerçants pour qui le voisinage est synonyme de petits services rendus. A l'inverse se situe la sociabilité plutôt «mondaine» des cadres: on s'invite les uns les autres, on participe à la vie associative du quartier.

«En fait, c'est avec les enfants que j'ai commencé à fréquenter mes voisins, explique Mme V..., qui s'est récemment installée à Paris. Avant, je n'osais pas et les autres ne faisaient rien pour m'aider. Tout juste si l'on m'a autorisé les premiers jours, à venir prendre du sel quand je n'en avais pas! Avec la poussette et les enfants dans l'escalier, les voisins m'ont proposé de m'aider. Aujourd'hui, je les connais à peu près tous dans mon immeuble de quatre étages.» Curieusement, Mme V... reconnaît que son statut de femme au foyer n'a en rien arrangé la situation. Elle croise pourtant régulièrement ses voisins dans la rue.

Seuls les agriculteurs restent en marge: de toutes les catégories, ce sont eux qui voisinent le plus, à tel point que l'on peut parler de véritable «communauté de voisinage». Les hommes y ont une part prépondérante: «On n'a pas vraiment le choix, reconnaît un agriculteur de Seine-et-Marne, au nord de Meaux. Si la solidarité ne joue pas entre nous, c'est fichu! Mais quand arrive la retraite, plus personne... Les enfants viennent de moins en moins, et les anciens comme nous se déplacent peu.

Vincent OLIVIER

GRANDS ENSEMBLES: LES ENFANTS BRISENT LA GLACE

DIFFICILE, aujourd'hui encore, de se rencontrer dans les cités: la plupart des habitants redoutent Dieu sait quoi, les autres préfèrent jouer l'indifférence. Ainsi à la Fauconnière, à Gonesse, dans le Val-d'Oise «des logements sont réservés aux fonctionnaires, explique M. Barthoux, qui y habite depuis cinq ans. Un tiers d'entre eux se renouvelle chaque année. Du coup, la plupart n'attendent qu'une seule chose: repartir. Comment voulez-vous, dans ces conditions, qu'il y ait une vie associative ? Personne d'ailleurs n'a vraiment envie de faire des efforts. Je les comprends, car moi-même je ne me vois pas m'investir dans un immeuble que je vais quitter l'année suivante».

A Sarcelles, dans le grand ensemble le Chers, ce sont plutôt les problèmes de vie en commun qui sont délicats à régler. Pour un habitant, «il y a bien de fortes communautés ethniques. Elles servent de ciment entre ceux qui se connaissent. Mais pour les autres... L'intégration se fait difficilement si l'on n'est pas solidaire».

En fait, la vie dans la cité se passe bien dès qu'on se connaît depuis quelques années. Les jeunes y jouent d'ailleurs un grand rôle parce qu'ils ont eux-mêmes grandi là. «On se connaît depuis des années, affirment Valérie et Christèle, qui vivent dans une résidence au Blanc-Mesnil, en Seine-Saint-Denis. Heureusement qu'on est là pour aider nos parents à se rencontrer!»

V.O.

ENTRE GENS DU MÊME AGE

NOUVELLE, manière de vivre ou besoin de rompre l'isolement?... Les jeunes développent la convivialité. En ville, 42 % des 18–34 ans reconnaissent rendre régulièrement de petits services à leurs voisins, et 24 % d'entre eux ont des liens étroits avec les personnes qui vivent dans leur immeuble. Les 18–34 ans restent toutefois un peu sectaires: ils s'entretiennent le plus souvent des relations avec les gens de leur âge, et plus rarement avec des voisins.

Calquée sur le modèle des communautés des années soixante-dix qui ont marqué toute une génération, une nouvelle technique tend à se développer dans les grandes villes: installés dans un immeuble, les jeunes ne manqueront pas de prévenir des amis dès qu'un appartement se libère. Celui-ci une fois locataire previendra d'autres personnes... et ainsi de suite.

R.H.

EN PROVINCE ON CONNAIT SON QUARTIER

LE voisin type n'existe pas! C'est la conclusion de l'I.N.S.E.E., après avoir interrogé les Français. Plus précisément la notion de voisinage (il est du coin, il est d'ici) recouvre des réalités bien différentes pour chacun. A Paris, par exemple, pour 80 % des ménages, le voisin, c'est celui qui habite l'immeuble, 4 % seulement allant jusqu'à la rue.

Dans une petite ville en revanche, près d'un quart des habitants considèrent comme voisin toute personne vivant dans la même rue. Curieusement d'ailleurs, c'est à la campagne que la notion de quartier prend le plus d'importance: 23 % des gens y délimitent le voisinage, contre 9 % à peine à Paris. Quartier, rue, immeuble: plus on a près de soi des voisins nombreux (dans les grands immeubles en particulier) et moins on s'en reconnaît.

La Réunion

L'ordre du jour

1 Quels services pourrait-on se rendre les uns aux autres dans l'immeuble?

2 Qu'est-ce qu'on pourrait faire pour animer la vie de tous les jours?

3 L'état du bâtiment: est-ce que tout le monde en est content?

4 Autres suggestions? Est-ce qu'on pourrait fonder une amicale, une association permanente? Si oui, quels seront les sujets pour la prochaine réunion?

Les rôles à jouer

François/Françoise Daumier, 43 ans
   (c'est lui/elle qui a invité tout le monde à la réunion)

Julie, 34 ans/Sandrine, 30 ans

Mme Odette Blonce, 67 ans, Albertine Lannion, 70 ans

Thierry, 29 ans/Patrick, 25 ans

Anne Toumignon, 38 ans

Marc et Antoinette Delage, 26 et 27 ans

Maurice Doinel, 71 ans

Alphonse Chevalier, 92 ans

SACREE PICARDIE

A Voici deux publicités parues dans la même édition du magazine *Le Point*.

Travaillez à deux et puis discutez en classe. Pour chaque publicité:

- Regardez bien l'image. Pourquoi a-t-on choisi ces personnes, qu'est-ce qu'elles représentent?

- Ensuite considérez le titre. Qu'est-ce qu'on essaie de vous suggérer au sujet de la Picardie?

- Finalement, lisez le texte et dressez une liste de tous les attraits de la vie en Picardie décrits ici. Vous pourriez peut-être composer cette liste dans deux sections: *dynamisme* et *agrément*. (Voir le texte suivant.)

A votre avis la campagne publicitaire est-elle réussie ou non?

Cela vous donnerait envie d'aller vous installer en Picardie?

Y a-t-il des aspects de la vie dont on ne fait pas mention?
Y a-t-il des aspects de la campagne que vous pourriez critiquer?

B Maintenant pensez à la région ou à la ville que vous habitez et imaginez que vous avez une campagne semblable à inventer.

Travaillez par groupes et divisez le travail parmi la classe. Chaque groupe a une page à rédiger, donc il faut d'abord décider ensemble quels sont les aspects de votre région/ville qui attireraient les gens. Votre travail doit être présenté comme une page de magazine et vous pouvez utiliser texte/photos/dessins/cartes, comme vous voulez.

Armés jusqu'aux dents

Voici les nouveaux conquérants. La jeunesse c'est la force vive d'une région. Encore faut-il l'équiper et l'entraîner. En Picardie où la moyenne d'âge ne dépasse guère 25 ans, la formation des hommes est la priorité.

Très bientôt, 11 nouveaux lycées, soit 15.000 places supplémentaires, viendront compléter une infrastructure scolaire et universitaire de tout premier ordre qui vise le doublement du nombre des bacheliers.

Un enseignement supérieur de haut niveau les attend. Dès aujourd'hui la Picardie propose deux universités dont la célèbre Université de Technologie de Compiègne, des classes préparatoires aux grandes écoles scientifiques ou commerciales, une trentaine de sections de formation de techniciens supérieurs, deux écoles supérieures de commerce, un institut supérieur agricole...

C'est en Picardie à une demi-heure de Paris, que se forment et s'arment l'état-major et les troupes d'élite de la toute proche économie européenne.

Photo réalisée avec l'aimable participation de Scapin, Berger Picard.

SACRÉE PICARDIE

Au 3ᵉ rang des régions industrielles pour la valeur ajoutée par habitant, la Picardie est la 2ᵉ région de France pour l'importance des investisseurs étrangers. D'ici peu, elle sera en première ligne!

Un développement sans précédent de ses infrastructures routières et autoroutières, et bientôt ferroviaires avec le T.G.V., l'a préparée à l'interpénétration des économies européennes.

Cette mutation est en marche. La modernisation du tissu productif, la création ou l'installation d'entreprises, l'innovation, sont les lignes de force de la politique économique régionale.

Centres de recherche, industries de pointe, main d'œuvre abondante, espaces industriels équipés et disponibles concentrent toutes les facilités d'implantation à une demi-heure de Paris!

Place stratégique à la croisée des grands axes européens, la Picardie bénéficie d'une situation privilégiée. Elle commence déjà à toucher les dividendes de ses investissements!

Photo réalisée avec l'aimable participation de Scapin, Berger Picard.

Sur tous les fronts

SACRÉE PICARDIE

Où vit-on le mieux en France?

Un dossier de l'état de la France vue à travers ses 95 départements.

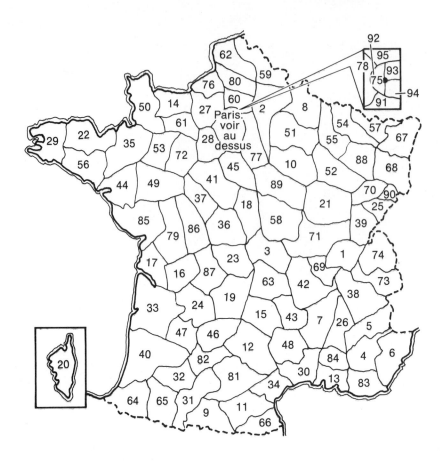

Départements

01 Ain	21 Côte-d'Or	43 Haute-Loire	62 Pas-de-Calais	78 Yvelines
02 Aisne	22 Côtes-du-Nord	44 Loire-Atlantique	63 Puy-de-Dôme	79 Deux-Sèvres
03 Allier	23 Creuse	44 Loire-Atlantique	64 Pyrénées-Atlantiques	80 Somme
04 Alpes de Haute-Provence	24 Dordogne	45 Loiret	64 Pyrénées-Atlantiques	81 Tarn
04 Alpes de Haute-Provence	25 Doubs	46 Lot	65 Hautes-Pyrénées	82 Tarn-et-Garonne
05 Hautes-Alpes	26 Drôme	47 Lot-et-Garonne	65 Hautes-Pyrénées	82 Tarn-et-Garonne
06 Alpes-Maritimes	27 Eure	47 Lot-et-Garonne	66 Pyrénées-Orientales	83 Var
07 Ardèche	28 Eure-et-Loir	48 Lozère	66 Pyrénées-Orientales	84 Vaucluse
08 Ardennes	29 Finistère	49 Maine-et-Loire	67 Bas-Rhin	85 Vendée
09 Ariège	30 Gard	49 Maine-et-Loire	68 Haut-Rhin	86 Vienne
10 Aube	31 Haute-Garonne	50 Manche	69 Rhône	87 Haute-Vienne
11 Aude	31 Haute-Garonne	51 Marne	70 Haute-Saône	88 Vosges
12 Aveyron	32 Gers	52 Haute-Marne	71 Saône-et-Loire	89 Yonne
13 Bouches-du-Rhône	33 Gironde	53 Mayenne	71 Saône-et-Loire	90 Territoire de Belfort
13 Bouches-du-Rhône	34 Hérault	54 Meurthe-et-Moselle	72 Sarthe	90 Territoire de Belfort
14 Calvados	35 Ille-et-Vilaine	54 Meurthe-et-Moselle	73 Savoie	91 Essonne
15 Cantal	36 Indre	55 Meuse	74 Haute-Savoie	92 Hauts-de-Seine
16 Charente	37 Indre-et-Loire	56 Morbihan	74 Haute-Savoie	93 Seine-Saint-Denis
17 Charente-Maritime	38 Isère	57 Moselle	75 Ville de Paris	93 Seine-Saint-Denis
17 Charente-Maritime	39 Jura	58 Nièvre	75 Ville de Paris	94 Val-de-Marne
18 Cher	40 Landes	59 Nord	76 Seine-Maritime	95 Val-d'Oise
19 Corrèze	41 Loir-et-Cher	60 Oise	76 Seine-Maritime	
20 Corse	42 Loire	61 Orne	77 Seine-et-Marne	

Mesurer le «mieux-vivre» d'un pays à grand renfort de statistiques est ambitieux. Pourtant, et tout en reconnaissant ses limites, la revue hebdomadaire *Le Point* a tenté à plusieurs reprises (en 1974, 76, 78, 81 et 88) cette «plongée au cœur» de la France.

En 1981 c'est *Paris* qui a remporté la palme d'or. Apparemment l'idée que l'on se fait du bonheur a bien évolué depuis, puisque lors d'un sondage publié en décembre 1987 les Français rejetaient à une écrasante majorité la grande ville comme cadre de vie! Voici quelques-uns des résultats tirés de l'enquête 1988 sous deux rubriques:

1. LE DYNAMISME: la jeunesse des habitants, le solde migratoire du département, le taux de naissance, le nombre d'étudiants, la diversité des filières de l'enseignement supérieur, l'importance de la pratique sportive . . .

2. L'AGREMENT: la superficie des bois, des parcs nationaux, le nombre de sites protégés et de séjours touristiques, l'ensoleillement, le volume de circulation et la sécurité routière, les dangers industriels potentiels et la pollution atmosphérique . . .

LE DYNAMISME	**L'AGREMENT**
1 Isère (38)	Haute-Savoie (74)
2 Hérault (34)	Côtes-du-Nord (22)
3 Loire-Atlantique (44)	Var (83)
4 Ille-et-Vilaine (35)	Finistère (29)
5 Haute-Garonne (31)	Vendée (85)
6 Rhône (69)	Charente-Maritime (17)
7 Gironde (33)	Hautes-Alpes (05)
8 Yvelines (78)	Alpes-Maritimes (06)
9 Bouches-du-Rhône (13)	Hérault (34)
10 Bas-Rhin (67)	Morbihan (56)
11 Doubs (25)	Savoie (73)
12 Nord (59)	Lozère (48)
13 Calvados (14)	Pyrénées-Orientales (66)
14 Savoie (73)	Puy-de-Dôme (63)
15 Ville de Paris (75)	Doubs (25)
16 Finistère (29)	Dordogne (24)
17 Seine-et-Marne (77)	Gard (30)
18 Meurthe-et-Moselle (54)	Isère (38)
19 Essonne (91)	Vaucluse (84)
20 Maine-et-Loire (49)	Cantal (15)
91 Nièvre (58)	Haute-Garonne (31)
92 Dordogne (24)	Ville de Paris (75)
93 Ariège (09)	Nord (59)
94 Indre (36)	Bouches-du-Rhône (13)
95 Creuse (23)	Seine-Maritime (76)

Ecoutez les réactions de deux personnes (tous les deux habitants de la Dordogne) aux résultats de l'enquête, et prenez quelques notes sur leurs commentaires.

Région	côté positif	côté négatif
L'Hérault		
L'Isère		
La Dordogne		
La Vendée		

Quelles sont les autres régions dont on fait mention?

Travail écrit

En vous basant sur vos propres recherches, vous
avez la tâche d'achever la rédaction des deux
articles ci-dessous.

LE DYNAMISME

SEINE-ET-MARNE: LA MONTEE DES VILLES NOUVELLES

Jean-Louis Mouton est un homme passionné. Maire de Savigny-le-
Temple, ville nouvelle de Melun-Sénart, il symbolise à merveille le
dynamisme de la Seine-et-Marne, le département qui a le plus fort
solde migratoire de France. 781 habitants fin 1973, 17.000 aujourd'hui,
Savigny-le-Temple atteindra les 35.000 habitants d'ici dix ou quinze
ans. «La Seine-et-Marne absolument», proclame une vidéopublicité.
On y souligne qu'en 1988 le département atteint le million d'habitants.
Dont un tiers de moins de 20 ans.
    Les raisons? . . .

L'AGREMENT

LA BRETAGNE A TOUS LES ATOUTS

Le trio breton – Côtes-du-Nord, Finistère, Morbihan – dans les dix
premiers du hit-parade de l'agrément, quoi de vraiment surprenant?
Dans ce domaine, la Bretagne a tous les atouts. . . .